暗黙知が伝わる動画経営

生産性を飛躍させる
マネジメント・バイ・ムービー

監修 野中郁次郎
一橋大学名誉教授

著 高橋勇人
ClipLine株式会社CEO

ダイヤモンド社

監修者まえがき

知識創造は次の段階へ

一橋大学名誉教授　野中郁次郎

知識創造のフロンティアはどこにあるか?

組織における暗黙知と形式知の相互変換のメカニズムを明らかにした知識創造理論が日本で広くお披露目されたのは、私と、国際基督教大学理事長、竹内弘高が著した『知識創造企業』(東洋経済新報社刊)においてである。

同書が上梓されたのは1996年のことだが、もともとは前年の95年にアメリカで出版された本を翻訳したものだ。

知識創造理論のルーツをたどると、さらに12年ほど前にさかのぼる。

ハーバード・ビジネススクールのウィリアム・アバナシー教授から、翌年に開催されるハーバード・ビジネススクールの創立75周年記念シンポジウムのために、「日本企業はどのように新製品の開発をしているのか、明らかにしてほしい」という研究要請があったのが、1982年のことだった。

当時のアメリカでは日本製品が市場を席捲《せっけん》していた。社会学者エズラ・F・ヴォーゲルによる『ジャパン アズ ナンバーワン』が日米両国で発刊されたのが1979年のことだ(同書はアメリカよりも日本でより多くの人気を獲得し、70万部を超えるベストセラーになっていた)。

アバナシー教授はわれわれにこんな注文をつけてきた。日本企業はアメリカ企業と違い、製品開発のリードタイムが短く、スピーディに新製品を市場に投入している。しかも、それらはいずれも高品質である。

その魔法のようなやり方の背後にどんなメカニズムがあるのか、解き明かしてほしい、と。

問題はどんな製品に焦点を絞るかである。

結果、われわれが取り上げた新製品の事例は、富士ゼロックスの複写機「FX－3500」、日本電気（NEC）のパソコン「PC－8000」、キヤノンのカメラ「オートボーイ」、ホンダの車「シティ」など、7つの製品だった。

そう、いずれも日本の著名なメーカーが開発した〝ハードウエア〟だった。それぞれの開発過程の詳細な聴き取りによってできあがったのが、1986年の『ハーバード・ビジネス・レビュー』（HBR）誌に掲載された「The new new product development game（新しい新製品開発ゲーム）」という論文だった。

そこでの結論はこうだ。

日本企業の新製品開発は、研究および開発、生産、販売といった各部門がリレー方式で分業しながら業務を進めていくのではなく、プロジェクトに参画したメンバーが職能横断的なチームを組み、ラグビーにおけるスクラムのように、ゴールに向かって突き進むのだと。

知識創造理論はソフトウエア開発にも応用されはじめた

製品というハードウエアの生成プロセスの研究から生まれたからだろう、私自身、知識創造理論を適用したり、それを使って説明した事例は、モノづくりに関するものが比較的多かった。『知識創造企業』が上梓されてから四半世紀強が経過した2012年春に、意外な展開があった。

チェンジビジョンというソフトウエアの開発会社の社長だった平鍋健児氏が、私を訪問してきたのである。自分たちが開催するソフトウエア関連のワークショップに参加してほしいというのだ。

私はパソコンを使わず、eメールも秘書に代筆してもらうような、生粋のアナログ人間である。ソフトウエア開発はまったくの門外漢であった。そんな人間にどんな貢献ができるのか尋ねてみたところ、平鍋氏の答えは驚くべきものだった。

当時、ソフトウエア開発手法が一大変革の時期を迎えており、それに知識創造理論のもとになったわれわれの論文が大きな影響を及ぼしているというのである。

ウォーターフォール・モデルからアジャイル開発「スクラム」へ

ソフトウエア開発においては、それまでは「ウォーターフォール・モデル」と呼ばれる手法が一般的だった。「分析→設計→実装→テスト」という手順を踏み、工程間は「仕様書」というドキュメントで前から後ろへ、その意図を伝えていく。あたかも、滝の水が上から下に落ちるように、前工程の成果物が後工程にすべて引き継がれていくやり方がとられていた。

このやり方では、プロジェクトの最後になってようやく動くソフトウエアができあがる。したがって顧客は最後まで、動いている実物を見ることができないのである。

しかも開発は長期にわたるため、ソフトウエアに対する当初の顧客の要求が、完成した時点においてはすでに陳腐化していることも多々あった。滝の水は重力に逆らえず、下から上に上がることはありえないように、仕様変更、市場やニーズの変化、新技術への適応など想定できなかった変化に対応することも難しかった。

結果として、顧客が満足するソフトウエアを作成するという意味でのプロジェクトの成功率は大きく低下したのである。

平鍋氏によれば、このウォーターフォール・モデルが限界に達するなか、新たな手法がアメリカで台頭してきた。その流れはアジャイル（agile＝俊敏な）開発と呼ばれるようになり、なかでもジェフ・サザーランド博士が開発したのが「スクラム」という手法であった。これが実は前述した『ハーバード・ビジネス・レビュー』でわれわれが1986年に発表した論文「The new product development game（新しい新製品開発ゲーム）」にヒントを得て考えられたものだったのである。

スクラム（以下、「アジャイルスクラム」と呼ぶ）はアジャイル開発のなかでもいまでは主流を占めており、アジャイルスクラムにおいては、分析、設計、実装、テストという各工程の技術者が部門を横断し、6、7名で1つのチームを組む。開発は、顧客にとっての価値の大きさで順位づけされたリストに従い、最も高い機能から各メンバーがスクラムを組んで作業を進め、いち早く動くソフトウエアを作る。それを顧客に試用してもらい、意見を取り入れ、必要に応じ修正を加えていく。

このアジャイルスクラムでは、ウォーターフォール・モデルに比べて、2倍の仕事を2分の1の時間内でこなすことができるといわれ、プロジェクトの成功率も目に見えて高まったという。日本企業のモノづくりの現場から抽出された研究成果が、ソフトウエアの開発現場、それも最先端のアメリカの開発現場で応用されたという事実は、私にとってうれしい驚きだった。

動画が知識創造の新たなカギとなることが見えてきた

それから6年後の2018年、もうひとつの驚きに私は直面した。一橋ビジネススクールの同僚、藤川佳則氏から面白い人物がいると紹介されたのが、クリップライン（ClipLine）CEOの高橋勇人氏であった。われわれの知識創造理論を参考に、サービス業における価値創造を事業化しているのだという。

知識創造理論では、言葉や数字で表すことが難しい暗黙知を、そうした言葉や数字、マニュアルなどの形式知に変換させるプロセスが大きなカギを握る。

たとえば、牛丼店の厨房においては、新人に対してベテランが牛丼の盛りつけ方を指導する必要があるが、盛りつけのノウハウという暗黙知を、言葉という形式知にして教えるのは難しい。口頭では細かな動作や加減まで伝えきれない。そこで丼とご飯、具が入った鍋を前に、ベテランが実際に盛りつけて見せながら教える。山本五十六の「やってみせ、言って聞かせて、させてみて、ほめてやらねば、人は動かじ」の世界なのである。

とはいえ、これには時間と手間がかかる。そこで動画の登場というわけだ。

高橋氏いわく、牛丼の理想的な盛りつけ方を録画した短尺動画を作り、新人なら誰でも視聴できるようにしておく。動画そのものが、盛りつけの達人の暗黙知を形式知に変換したものなのだ。

動画は編集済みで、何度も再生できるうえに、注意深く見たい箇所については、再生速度を落としてじっくり視聴することもできる。従来のOJTでは講師1人に対して受講生1人、つまり一対一の関係でトレーニングが行われるが、動画を活用すると、1つの動画を多くの人が視聴することになるため、一対多の関係も実現する。

そうしたマニュアルとして使う場合は、紙より動画のほうが断然優れている。なぜなら、人間は物事を一連の流れとして認識するからだ。

ドレミファソラシドという音階がある。人はドの音に次いでレの音を聞くと、自然に次はミだな、とわかる。たったいま流れてきたレの音を聞きながらも、一つ前のドの音の記憶は残っており、この後はミファソ……と続くだろうと未来を予測できるからだ。

人間はこのように、過去・現在・未来という流れで物事を感じている。紙のマニュアルは、たとえ図解や写真を多く載せたとしても、業務プロセスを過剰に分解したり、わかりにくい概念化をしてしまうため、その流れが消えてしまう。

その点、動画は流れをそのまま再現できるので、人間の感じ方や認識の仕方に即している。動画は脳に優しく、記憶に刻み付けられやすいメディアだといえる。

しかも、時間と場所の制約がなく、好きな時に好きな場所で視聴できる時代である。動画を使えば、組織内において暗黙知の形式知化、そしてその共有を素早く行えるのは間違いないというのである。

動画を活用した知識創造で、日本のサービスは変われる

直接経験によって獲得・共有した暗黙知を形式知化し、さらに、形式知と形式知をリンクさせてより豊かにし、その形式知を共有し、実践することによって新しい暗黙知を各自が得る。これが知識創造理論の骨格である。すべての知の源泉は無意識も含めた暗黙知なのだ。

だから、現場に眠るサービスの暗黙知を、数十秒単位の「クリップ」という動画の形で形式知化・共有し、さらなる集合知を生み出すと同時に個々人の身体知化を促す、という集合的な知識創造のサイクルを回すサービスに私は感心した。

動画は人間の視覚と聴覚に訴えるが、動画を見ながら実践することですべての五感、身体感覚につながり、身体知化される。また他者からのフィードバックを受け、対話することで意味の理解が深まり、腹落ちもしやすくなる。

現場の最先端で暗黙知を有する一人ひとりが形式知化するための「動画」という武器を

持ち、他者との知の共有と創造を高速で繰り返し行うことで、従業員の潜在能力を結集する全員経営を実現できる。まさに組織的イノベーションプロセスを支援するサービスなのである。

日本のサービス業が産業全体に占める割合は年々増加傾向にあり、ＧＤＰ（国内総生産）の約70％を占める。そして、日本全体の就業人口の約70％がサービス産業に従事している。われわれの生活に密着した身近な産業であるが、日本経済において非常に大きなウエイトを占めているのだ。

ただ、日本の強みである製造業に比べると、その生産性は高くはない。生産性が低いのは、私に言わせれば知識創造のスパイラルがしっかり回っていないからだ。

そのスパイラルを動画の力によって回すことができれば、生産性が上がるばかりでなく、新しいサービスの創出にもつながるだろう。アジアを中心とした強力な輸出産業にもなりうるかもしれない。

私は２０２０年から24年春まで、独立行政法人中小企業基盤整備機構の傘下にある中小企業大学校の総長も務めた。中小企業こそサービス業の主戦場だ。その意味でも、高橋氏やクリップラインの取り組む事業には大きな期待を寄せている。

＊＊＊

本書は、高橋氏が事業として取り組む短尺動画システムの実際の活用事例を中心に、動画をどのように活用すると生産性が上がるのかを解説するとともに、知識創造理論との親和性を明らかにしたものである。

モノづくりから発した理論や研究が、サービス産業の活性化、高付加価値化にも役立つことを実証した内容であり、理論の生みの親としては、可愛い息子の成長譚を世に問う思いだ。

また、活用事例の解説には、早稲田大学大学院経営管理研究科教授の入山章栄氏に協力を仰いだ。現代のさまざまな経営理論、とりわけ知識創造の視点から、各事例の着眼点を紹介してもらっている。心から感謝したい。

暗黙知が伝わる動画経営

目次

第2章 同業態の2、3倍の売上げを生む秘訣 ——オオゼキ 087

序　章

生産性と知識創造理論を結び付けるカギは動画だった

おばちゃんとエビむきの生産性に関する寓話

2月の朝4時、あたりはまだ真っ暗だ。風はないが、足下からのぼってくる冷気に頬が悲鳴を上げる。

私は当時、コンサルティング会社に勤めるコンサルタントで、クライアントである大手飲食チェーンのある店舗にいた。フロアではなくキッチンである。店のスタッフ4名も出勤しており、ひとつの作業に没頭していた。

氷水が入った大きなバケツに手を突っ込んでは何かを取り出し、手で作業をしている。取り出していたのはエビ。エビの殻むきをやっているのだった。その日から売り出しが始まる新しいメニューでエビを大量に使うので、早朝からのエビの殻むきが必須の作業となっていた。

スタッフの内訳は2名がおばちゃんで、あと2名は男子高校生。おばちゃんの作業スピードはとにかく速い。氷水に手を入れてエビを取り出し、指を上手に動かしてスルリと殻をむく。小さな人形に着せていた服を脱がせるようで、そつがなく、ムダな動きがひとつもない。

一方の高校生はスローモーションを見ているようだ。ムダな動きも多い。一目見て慣れていないとわかる。**おばちゃんが5尾むくところ、せいぜい1尾**だ。一人が間違って、殻をむくどころかエビの身までちぎってしまい、バツの悪そうな顔をしていた。

私はこの光景を見て、おかしなことがたくさんあると思った。

まず、あの**神業のような指さばきを見せるおばちゃんの時給と、動きの鈍い高校生の時給がほぼ同じ**であること。おばちゃんのほうがたった100円高いだけだ。

もうひとつは、おばちゃんが丁寧に教えれば高校生もうまくむけるようになるはずなのに、そうなっていないこと。しょせんはおばちゃんもパートの身。片付けるべき課題をこなすのに精一杯で、息子のような高校生に手取り足取り教える余裕はないのだろう。店長に言われていない高校生の指導をすれば、かえって問題が生じかねない。

一方、高校生のほうも教わる気がなさそうだ。おばちゃんのほうを見向きもしない。小遣い稼ぎのアルバイトであり、べつに料理人になりたいわけでもないのだろう。しかも、手際よくエビの殻をむけるようになったところで何のメリットがあるのか、わからないのだろう。

おばちゃんのコピーロボットを動画で作れないか……

これはおかしい。

そのチェーンでは、メインの料理の作り方――調理法から皿への盛りつけ方――に関しては、懇切丁寧に説明した紙のマニュアルがあり、伝えきれない部分についてはベテラン社員が後輩に手取り足取り、丁寧に教えていた。料理の見栄えがよく、おいしくなければ、お客様が足を運んでくれないのだから当然である。

一方で、エビの殻むきのような調理以前の地味な現場仕事は、技術面の**創意工夫があったとしても、属人化し、伝承がまったくなされていなかった。**

これをなんとか解決できないだろうか。

そのとき、私の頭に1つのアイデアがひらめいた。おばちゃんの超高速指さばきが動画化されて、スローで何度でも再生できたらどうだろう。高校生はそれを見て、そっくりまねすればいい。

動画をDVDのようなメディアに収録してやり取りするのは面倒だ。内容の更新も難しいし、再生のためのデッキが必要になる。そうした手間を省くため、インターネットのクラウド上に動画を置き、いつでもどこでもPCやスマホで見られるようにすればいい。

その動画はさしずめ、『ドラえもん』や『パーマン』に出てくるコピーロボットだ。ロボットの鼻を押した人そっくりに変身し、その人と同じようにしゃべり、行動する（動画の場合は鼻の代わりに機器の再生スイッチを押すことになる）。「エビの殻むき達人のコピーロボット」というわけだ。

おばちゃんたちも、自分の技が撮影されて動画になり、高校生のお手本になると言われれば悪い気はしないはずだ。しないどころか、エビの殻むきをもっと速く行うにはどうしたらいいかを、研究しはじめるのではないだろうか。

この仕組みが実現すれば、アルバイトの高校生でも、1尾当たり1分かかっていた殻むきが20秒でできるようになる。出勤日が異なるアルバイトにももちろん動画を見せてまねしてもらう。

そうやって「できる」を増やしていけば、本人も作業が楽しくなるはずだ。それだけではない。ちりも積もればで、**低いと言われる日本のサービス業の生産性が上がる。**そうすれば働く人たちの時給もアップする。エビの殻むきだってもっと報われる仕事になるのだ。

これが、私が動画に着目する契機となった原体験だ。このエピソードから「動画活用によるサービス業の生産性向上」という、その後、生涯を賭して取り組むこととなる問題意識の一端をご理解いただけたのではないだろうか。

しかし、動画を使うだけでは実はうまくいかないことがわかった。**カギとなるのは、本書の監修者である野中郁次郎教授の提唱した、知識創造理論を持ち込むことだった。**

サービスの4つの特徴と「真実の瞬間」

巻間で言われるように、サービスには4つの特徴がある。

まずは、サービスには形がない。「**①無形性**」ということだ。形がないから、蓄積ができない。在庫という概念が通用しないのだ。それに対し、そのサービスの対象となるモノ、たとえばパンには形がある。蓄積できるし、在庫もできる。来店客が多く見込める日には、多めに作って貯めておける。製造業ではできるこれが、サービス業では不可能なのである。

次は「**②同時性**」ということだ。目の前で作られ、その場で消費される。たとえば、お店に入って元気よく「いらっしゃいませ！」と迎えられればうれしいものだが、「いらっしゃいませ」の掛け声は聞いた瞬間になくなっている。需要と供給が時間差なく同時に起こる、と言ってもいいだろう。

三つ目が「③**変動性**」である。同じ「いらっしゃいませ」の掛け声でも、相手や状況に応じて声の大きさや抑揚、テンポを変えられれば、気持ちが相手により伝わるだろう。逆に、画一的な口調ではおざなりになり、顧客もマニュアルっぽさを感じてしまい、逆効果になりかねない。

製造業ではそこまでの変動はない。設計図があり、設計段階で品質基準が決められる。出荷前に品質チェックが行われ、基準を満たしていなければ「不良品」としてはじかれるからだ。

最後の四つ目が「④**消滅性**」である。最初の無形性と関連が深いが、その場で生まれ、何も残らない。いや、正確に言えば、残る。どこに？

顧客の心に、である。

「真実の瞬間」という言葉がある。1980年代に経営危機に陥ったスカンジナビア航空を再建し、V字回復に導いた同社社長ヤン・カールソンが著した『真実の瞬間』（ダイヤモンド社刊）がベストセラーになり、その言葉を大いに流行らせた。

サービスの特徴

**下記の特徴ゆえに
データがとりづらい**

無形性	**同時性**
目に見えない、形がない	生産と消費が同時
変動性	**消滅性**
人によって違いがある	在庫がない

要は、**お客様は、その企業に接する瞬間（ほんの短い時間）で、その企業全体に対する良し悪しを判断する**ということだ。その瞬間を15秒と定め、それが「真実の瞬間」だというのである。

レストランでおいしい料理が出てきたとしよう。その料理がいくらおいしくても、接客する人に「偉そうな言い方をされた」「ムッとした表情だった」といった印象を持つと、評価はガタ落ちになってしまう。料理はおいしいけれど2度目はないな、と。真実の瞬間はそれほど大切なのだ。

真実の瞬間は顧客ロイヤルティを変え、それが来店頻度に影響を与え、究極的には売上げに直結するのだ。

ある店舗で**1日1000人の来客があるとすれば、真実の瞬間も同じ数だけある。**厳密に言えば、店員にものを尋ねる客もいるだろうから、現実にはそれ以上あると考えられる。

それをうまくマネジメントし、より良い「瞬間」にしていく。それがサービス経営の本質である。しかし、なんと手のかかることなのだろう。

サービスを届けるのか、モノを届けるのか

サービスの現場では、お客様に提供するサービスの品質の保持および向上といった難しいコントロールを、どうやっているのか。

実は、それを一手に引き受けているのが現場の店長なのだ（規模が大きな店では店長とは別にセクションごとの統括責任者が担う場合もある）。

たとえば、営業時間前に行われる朝礼で、当日のメンバーと各自の役割や注意事項を確認する。新商品や新サービスがある場合はその提供の手順をおさらいする。

さらに、前日の反省も行う。たとえば、食品スーパーなどで続々と導入されているセルフレジだが、お客様は手際のよい人ばかりではないから、かえってレジ待ちの列が長くなってしまうことがある。そんなとき、「待ち時間がかかりすぎる」といったお客様からのクレームがあったら、それを共有し、改善策を全員で考える。

本部からの伝達事項もあるだろう。その日の目標数字の伝達も必須だ。

ここで興味深いのは、レジの列の短縮化を図るための創意工夫――レジの数自体を増やすのは究極的解決策だが、現場では実現できないため、現場でできることを考える。たとえば、セルフレジなら誘導担当者を増やしたり、お客様が困りがちな操作を割り出して改善策を考えるなど……。有人レジならレジ打ち速度を上げるためのトレーニングを実施する、レジ打ちができる人をレジ近くの売り場担当にし、稼働するレジの数を臨機応変で増やす、といった取り組みが考えられる――が、その店舗では実施されても、会社全体で共有・蓄積されにくいということだ（店長が店を変われば工夫が移植される可能性が高いが、別の店から来た店長はまた別のノウハウを持ち込むので、会社として統一されることはない）。

これが製造の現場ではまったく違う。

たとえば、自動車会社が世界販売を視野に入れた画期的な車を開発する、というプロジェクトを考えてみよう。

まずはプロジェクト・メンバーの間で、その車を象徴するコンセプトについて侃侃諤諤《かんかんがくがく》の議論が繰り広げられる。ああでもない、こうでもないと、時に場所を変えながら議論は延々と続く。そのうち、ホワイトボードを使って各自が思い描くイメージを図示したり、キーワードを書いたりする。それに触発されて新たなアイデアが出るなど、議論がさらに白熱していく。

　そのような場が何度も繰り返され、やがてみんなが合意する車のコンセプトが言葉やイメージ図で作られる。それをもとに設計図が描かれ、承認され、試作が行われる。それが世界中の工場に送られ、製造ラインが組み上がる。各工場のラインは、いったん動き出すと24時間動きを止めず、その画期的な新車をつくり続ける。

　製造ラインが動き出した後も現場主導での改善活動が展開され、継続的なコスト削減が行われる。各工場で提案されたノウハウは全拠点に共有され、製造原価が下がり、利益率が上がっていく。

　各国では適切な宣伝活動が行われ、新車は世界中で売れ行きを伸ばし、世界中の道路を埋め尽くし、その名前がいつしか車の代名詞となっていく……。


「①無形性」「②同時性」「③変動性」「④消滅性」というサービスの特徴ゆえに、サービス業においては、製造業の**モノづくりにおける価値の生み出し方とはまったく異なるアプローチが必要とされる**ことがわかるだろう。製造の現場では、みんなで出来事を共有したり、実験したり、改善したりすることが容易であるが、サービスの現場ではあらゆる面で一期一会、個人の能力任せになりがちなのである。

日本のモノづくりが世界中で称賛され、その生産性向上の思想が日本人に広く浸透していることが、サービス業の生産性向上につながる試行錯誤の障壁となってきた側面があるかもしれないが、いつまでもそれに甘んじていてはいけない。

野中教授も指摘しているとおり、日本のサービス業が産業全体に占める割合はGDP（国内総生産）の70％に達し、日本全体の就業人口の約70％がサービス産業に従事しているのだから。

知識創造のプロセスを解明するSECIモデル

日本発の経営理論である、野中教授による知識創造理論は、そのSECI（セキ）モデルにおいて、暗黙知と形式知の相互作用という概念でこのプロセスを説明する。

まずは用語の解説から入ろう。

暗黙知とは、言語化や数値化が困難な各人の思いやノウハウ、コツ、物事のタイミングといった知のことだ。当然、他者への伝達も難しい。一方の**形式知**とは言語化、数値化され、伝達がたやすい知のことだ。

暗黙知と形式知という別々の知識があるわけではない。海に浮かぶ氷山を思い浮かべていただきたい。海面から出ていて視認可能な部分が形式知であり、海面下にあるその何倍もの大きさの視認できない塊が暗黙知なのである。

両者は不可分であり、その境界も、風によって海面が上下するように、明確には分離できない。つまり、形式知も最初は暗黙知だったのである。

形式知の例として、物の形や大きさ、位置や性質を研究する幾何学という数学の一分野がある。発祥の地は古代オリエントだとされているが、大地を流れる多くの河川がたびたび氾濫し、そのたびに土地区画を新たに定めなければならなかったことがその背景にはあるという。必然的に土地の長さや広さを測る測量術が発達し、その測量術がさらに高度化したのが、ほかならぬ幾何学である。この土地は広い、この距離は長いという暗黙知が、幾何学という形式知に変換されたのである。

具体的に言うと、SECIモデルは暗黙知と形式知が組織内で相互変換しながら集合知に発展していくプロセスを、次の4つのフェーズで説明する。

①共同化（Socialization）：個人が他者と直接対面することによって生じるお互いに対する共感や、環境との相互作用を通じて暗黙知を獲得する。お互いの暗黙知を共有する。

②表出化（Externalization）：個々人の暗黙知を、対話や思索、メタファー（比喩）を活用して明らかにし、コンセプト（概念）や図像、仮説などを生成する。個人の暗黙知を集団レベルの形式知へと変換する。

③連結化（Combination）：集団レベルの形式知を複数組み合わせ、物語や理論に体系化する。集団レベルの形式知を組織レベルにまで高める。

④内面化（Internalization）：組織レベルの形式知を各自が実践し、新たな価値を生み出す

SECIモデルが集合知に発展する 4つのプロセス

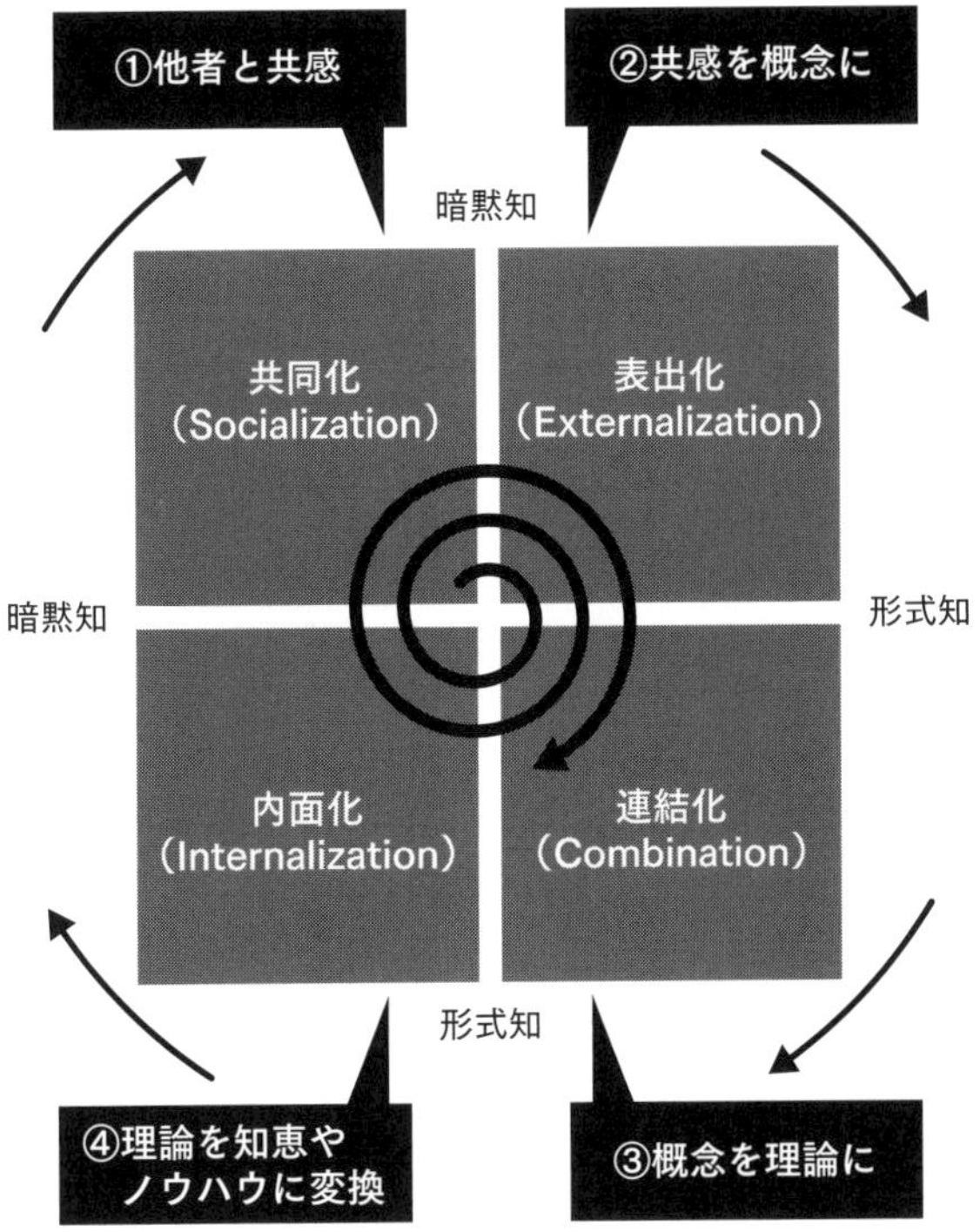

本部から発信されたノウハウであっても、日々顧客と向き合う現場では新たな暗黙知が生まれる。動画というデジタルを活用することで離れた拠点の集合知にすることが初めて可能となった。

とともに、その実践を通じて新たな暗黙知を獲得する。個人、集団あるいは組織レベルで、新たな知を獲得する。形式知から暗黙知が生まれる。

わかりやすく言うと、①他者と共感し、②その共感を概念に、③その概念を理論に、④その理論を、実践を通じて知恵やノウハウに変換するプロセスを描いていることになる(共同化、表出化、連結化、内面化、それぞれの英語の頭文字を取ってSECIモデルという)。

製造業では回るSECIモデルがサービス業では回らない理由

先の自動車開発の話に即して言えば、各人が理想とする車のイメージという暗黙知が形式知に変換され、それが新たな形式知と合わさり、設計図となり、現実の車という製品が完成し、世界中で販売される。

その経験を通じ、開発や販売に携わった人たちはひとつ大きな成長を遂げ、また次の車の開発や販売を推進していく主体となる。まさに、共同化→表出化→連結化→内面化と、ＳＥＣＩモデルが回っているのがおわかりいただけるだろう。

これが**サービスではどうなるかというと、そのSECIモデルが回らない。**いや、正確に言えば回りにくい。なぜなら、自動車開発の場のように、各自の暗黙知を形式知に変換することが難しいからだ。

その背景としては、サービスは無形で、需要と供給が同時に発生し、変動性が高く、すぐに消滅するからだということもできる。

もちろん、お客様へのお辞儀の仕方といった現場スタッフに不可欠な基本動作を、ベテラン社員が新人に教えることはできる。

ベテランが見本を示し、新人にそのまねをさせて出来具合をチェックすればいい。とはいえ、教えるべきことが膨大にあると、相当の時間がかかる。短時間で終わらせる朝礼などではとても対応できず、閉店後の時間や、別途に時間を設けて実施するしかない。

先のＳＥＣＩモデルで言えば、お互いの暗黙知を共有する共同化のフェーズでストップしがちなのだ。しかも、規模の小さなサービス業では、マニュアルがないことも多い。

このように、新たな知識創造がしにくいうえに、たとえできたとしても、それが**個々の営業店で閉じてしまい、なかなか会社全体の資産にまでならない。**これは製造業と比較したサービス業の弱さだといえる。

製造ラインというレバレッジがサービス業にはない

もうひとつの弱さを挙げておこう。それは、製造業における製造ラインに当たるものがサービス業には存在しないことだ。製造業では、ラインさえ整えば同じ品質の製品を大量に作ることができる。

しかし、同時性、消滅性を持つサービスではそうはいかない。あるいは、製造業では原材料の安い時期にそれらを大量に仕入れて作り置きをすることもできるが、サービス業では無理だ。

製造ラインは製造業が飛躍的発展を遂げるためのレバレッジ（梃子《てこ》）である。そのレバレッジがサービス業には存在しないのだ。

いやいや、標準店の多店舗展開という形態をとるチェーンストア経営こそが、サービス業にとってのレバレッジだと主張する人がいるかもしれない。

日本のチェーンストア経営理論の第一人者である渥美俊一氏によると、チェーンストアとは１つの資本下で、１つの本部が11店以上の標準化された店舗を一元的に運営するシステムをいう。渥美氏によれば、この11という数字に確たる意味はなく、理想は２００店のだそうだ。本部の施策や方針に従い、２００もの店舗が同じ動きをすることにより、経営効率が最大化するというわけだ（浜中淳『奇跡の小売王国「北海道企業」はなぜ強いのか』講談社刊）。

ただ、この「数」というレバレッジには大きな問題がある。

まず、本部が打ち出す施策や方針、戦略や戦術が、現場にふさわしいものになっているかどうか。本部と現場の距離は遠くなりがちだ。**現場知らずの戦略、現場と齟齬《そご》をきたすような戦術は、いずれも「絵に描いた餅」でしかない。**

さらに言えば、渥美氏のチェーンストア理論はサービス業の中でも小売業を中心にしたものである。小売りは販売の対象が商品という有形のモノであるため、本部の統制がまだ効きやすい。

これが飲食をはじめとした「コト」の要素が強い業種では難しくなる。本部の手の届かない現場で人の手が加わる、つまり、調理され、給仕されることが不可欠になるからだ。

もうひとつの問題点は、繰り返しになるが、個店同士の横のつながりが想定されていないことだ。

物理的な距離が離れた他店の動向を見学に行くことはたしかにあるが、担当の店舗を離れることは簡単ではないし、時間もコストもかかる。

それを補うのがスーパーバイザー（ＳＶ）と呼ばれる複数店舗の管理者ではあるが、無形性・同時性・変動性・消滅性という特徴を持つサービスについて、ある店舗で見たやり方を他の店舗に伝えることは相当に難しい。

マニュアルが機能しない現実

暗黙知を形式知として表現するひとつの方法がマニュアルである。小規模店はさておき、多くのチェーン店においては本部が店舗内での作業マニュアルを作り、マニュアルに沿った店舗内教育が行われている。正確に言えば、行われていることになっている。

しかし、実際に店舗を訪問して確認してみると、マニュアルは棚に置かれてホコリをかぶっていることが多い。また、教える側がマニュアルを使って指導しているシーンにお目にかかることはまずない。これはどういうことだろうか?

教える側からすると、すでに慣れ親しんでいる業務だから、あらためてマニュアルを確認するまでもないと思っている。一方、教わる側は、マニュアルを見るよりも店長や先輩に身振り手振りを交えながら教えてもらうほうがよっぽどわかりやすい。よって、教える側、教わる側双方のニーズとして、実はマニュアルを見る必然性がないということになる。

さらに決定的な理由として、ここでは2つ挙げたい。ひとつは、業務のほとんどが身体動作を伴うことだ。**動作を文字や絵で表現するのは非常に難しく、無理に表現した時点で多くの暗黙知が失われてしまう。**もうひとつは、接客など対人業務では**画一的な〝手順〟を決めることが難しく、臨機応変な対応**が求められることである。

動画ならサービスを救える可能性がある

製造業と比べて新しい価値の源泉となる知識創造が行われにくいうえに、これも製造業と比較して、現場発の知が残念ながら個店（あるいは従業員本人および周辺）にとどまり、全社に行き渡らない。こうした問題を抱えるチェーンストア主体の日本のサービス業を救うべく私たちが作った動画活用ツールが、短尺動画システムＡＢＩＬＩ Ｃｌｉｐ（アビリクリップ）である（クリップとは1分程度の短い動画のこと）。

動画には、お客様への挨拶の仕方、料理の作り方、機器の操作法など、サービスの現場で発生するありとあらゆる仕事の見本が、短く編集された形で収められている。

この短尺動画システムを導入した企業は、以下のような仕組みを利用することができる（ユーチューブやＴｉｋＴｏｋといった無料のシステムで実現できない機能が一部ある）。

その1　見本となる短尺動画を作成し、全店舗に配信する

たとえば飲食チェーンで、料理の盛りつけに関する動画をクラウドにアップし、店舗スタッフに繰り返し視聴してもらう。動画の再生速度は遅くすることも、逆に速めることもできる。自分の確認したい箇所だけ、繰り返し再生することも可能だ。ちなみに私たちの会社のミッションは「『できる』をふやす」。正しい方法を「わかっている」だけでなく、実際に「できる」こと。「知識を習得させる」のではなく、「行動を変えさせる」ことを目

指している。

その2 閲覧、撮影、投稿を指示する

私たちの短尺動画システムでは、ToDoと呼ばれる宿題・カリキュラムをスタッフごとに設定することができる。（見本）動画を「視聴してください」という指示はもとより、動画で見た動作をまねてスマートフォンやタブレットで自撮りするか、同僚などに撮影してもらい、その練習動画を投稿させるタスク機能がある。

見本の動画ではこうなっていたが、料理の盛りつけはこうするほうが確実においしそうに見える、という独自の技を持っているスタッフがいたら、短尺動画システムに投稿してもらう。そして本部が内容を精査して、素晴らしい技だと認めれば、それが新しい盛りつけ方の動画として共有されることもある。

その3 多様な人が練習動画にレビュー(評価・コメント)できる

投稿されたＴｏＤｏレポート（練習動画）を遠隔地にいる指導者が視聴し、内容を評価したり、コメントを付けたりすることができる。

たとえば、「ありがとうございます」の言い方を練習したスタッフが自分の動画を投稿すると、その動画を見た店長が、「合格です」「声の張りが少し足りませんね。でもこの調子で練習してください」といったコメントを本人にフィードバックする。この機能によって、指導者が現場にいなくても、コミュニケーションをとりながらスタッフを教育することが可能になる。

動画を視聴できる人の範囲は本部が自由に設定でき、店長や本部スタッフのみならず、近隣店舗のスタッフなども閲覧可能にすることができる。そうなると、「いいね」を付け合ったりするところから店舗間のコミュニケーションが生まれ、現場が活性化する。

その4

経営トップや、ある案件の直接の関係者がその場で語りかけているような、臨場感あふれる講話を投稿できる

動画の対象になるのは、サービス業の現場に不可欠の身体的動作ばかりではない。社長による年頭方針の発表や、事業部長による新たな戦略の説明など、通常は文書を介して、あるいは対面で伝達される事項を動画に収録し、全社に配信することができる。さらには、新商品の開発者などが商品に込めた思いを語った動画を配信することで営業・販売担当者の新商品に対する愛着や期待感を育み、販売意欲を高めることができる。

動画を使えばSECIモデルが回る

短尺動画を使うと、サービスでもSECIモデルを存分に回すことができる。

ある飲食チェーンで、スピーディで料理の見た目もよくなる具材盛りの方法をスタッフが考え出したとしよう。その盛りつけ法は、言葉で説明するのがとても難しい。目の前でやってみせるのが一番だ。その意味では暗黙知そのものである。

それを見せられた店長が「すごいな」と感心し、「ここをこうすれば、さらにいいんじゃないか」とアドバイスし、その技に磨きがかかる。スタッフと店長の暗黙知が合体するわけだ。これは**共同化**に当たる。

次に店長が、「せっかくだから、動画にして全社で共有してみないか」と提案。店長が撮影と編集を行って作成した動画をシステム上にアップし、社内の誰でもが見られるようにする。これは暗黙知の**表出化**である。

そうした現場発の教材（形式知）を本部が複数組み合わせ、新しい教育体系をつくりあげると、**連結化**のフェーズに入る。

動画の投稿および評価・コメント機能を存分に活用し、その技術やノウハウを各店のスタッフが実践・習得することで、お客様に「商品提供の速さ」「見た目の美しさ」という新たな価値を届けることが可能になる。その結果、客数が増えて売上げが伸びるので、店にとっては願ったりかなったりだ。

しかもこの過程で、新たな学びを得て刺激を受けたスタッフが、バージョンアップした盛りつけ方法を考えつくかもしれない。つまり、形式知の実践が新たな暗黙知を生むわけだ。これが**内面化**であり、次の新たな共同化への移行ステップでもある。

本部と現場では現場のほうが正しい

短尺動画によってSECIモデルがうまく回るようになるのは、偶然でも何でもない。実は、サービス業の現場でSECIモデルを回すためにつくったのがアビリクリップなのだ。

私は大学院を修了して経営コンサルティング会社に就職し、チェーンストアなどおもに流通サービス業の経営変革支援に携わっていた。

コンサルタントは株主であるファンドや経営者からの要請を受けて、本部からそのチェーンに入っていく。まずはトップに対して何らかの変革プランを提案し、大筋が合意できると役員や担当の部課長たちと実行プランを練る。そして実行プランが合意できるといよいよ現場だ。

現場に初めて入った私がいちばん驚いたのは、本部と現場の間に大きな壁があることだった。現場の人たちは異口同音に、現場で何が起こっているのか、どんなことに苦労しているのか、**本部の人間はまったくわかっていないと言う。**その〝憎き〟本部から派遣されてきた私も、侮蔑の目で見られることもあれば、あんな本部にいろいろ命令されて大変だねえという憐みの視線を受けることもあった。

一方の当事者がこうであれば、逆側も同じようなことを感じているものである。本部は本部で、**現場は言うことを聞いてくれないから困る、**なんでこんな簡単なこともやってくれないのだろうか、という具合で、お互いがストレスを抱えているのである。

チェーンの規模が大きくなればなるほど、本部と現場の物理的な距離が広がる。人の行き来や交流もあまりないので心理的距離も遠くなる。結果、本部から現場へは、文字や数字といった形式知は伝わるが、その背後にある思いやニュアンスといった暗黙知がなかなか伝わらない、という現象が起きているのだ。

そう考えると、経営に関する重大事項が現場では必ずしも受け入れられないのに、なぜチェーン店の経営は日々成り立っているのだろうかと不思議に思えてくる。

現場の創意工夫を本部が吸い上げる仕組みがあるか

その謎を解くカギは現場にある。

現場、つまり各店舗あるいは各エリアにおける責任感や創意工夫がそれを可能にしているのだ。しかし、そうした**知恵やノウハウは個店あるいはエリアに閉じており、全社に展開されることはまずない。**

象徴的な話がある。あるチェーン店では、本部で使われている各エリアの名称に、エリア内の各店を管轄するスーパーバイザー（ＳＶ）の名字がつけられていた。コンサルタントとしてそのチェーン店の支援に入るまでは、製造業や金融業でのコンサルティング支援が多かったため、組織名に個人の名前がついていることに少なからぬ衝撃を受けた。

あるエリアの担当ＳＶが佐藤氏なら、そこは佐藤エリアと呼ばれる。そしてＳＶが佐藤氏から田中氏に代わると、エリアの名称も田中エリアに変えられる。これが何を意味するかというと、佐藤エリアにある各店の現場は佐藤流の創意工夫で動いている、ということにほかならない。

現場の創意工夫がいかに重要か。それが如実にわかるのが新店を立ち上げるときである。私が担当していたチェーンストアでは、新店の立ち上げに際しては既存店の店長がスケジュールを調整し、ほとんど総出で手伝いに行くのが常だった。だが、それをやっていると既存店の体制が手薄になり、業績が落ちてしまう。そこで、新店立ち上げの業務を標準化するプロジェクトが組まれた。

にぎにぎしくプロジェクトが立ち上がったものの、頼りになるのはやはり現場だった。

本部の担当者は自分では何も決められず、それぞれの業務に精通している店長に話を聞かなければ手順を組めないからである。

新商品の展開プランを立てるときも、現場の意見を丁寧に聞いて取り入れなければ失敗する。**本部が把握しきれていない現場のオペレーションが、実はたくさんある**のだ。生産性や顧客満足度を高めるための重要なカギを現場が握っていることが多く、それを無視して新商品を入れると全体のオペレーションに狂いが生じてしまう。

本部に勤める幹部もかつては現場で活躍していた人であるはずだが、現場を離れて時間が経つと感度も動きも鈍る。最新の現場状況を理解せず、声だけが大きな本部の人間を揶揄して私たちはよく「**過去の金メダル選手**」と表現していた。

現場で人手が足りなくなり、本部の営業本部長が急きょ、助っ人として駆け付けたところで、最新鋭の機器を操作できずほとんど助けにならないことは、あらゆるチェーン店でよくある話なのだ。店舗オペレーションは日々進化しているが、暗黙知が多く、本部社員がその進化したオペレーションを現場で実践するのは難しい。

製造業ではこんなことは起こらない。設計図があるからだ。製品は設計図どおりに作られ、そこから外れたものは不良品としてはじかれ、市場には出ない。製品に欠陥が見つかれば、新たな設計図が作られる。

サービス業にはその設計図がない。あるいは作るのが難しい。繰り返しになるが、無形性、同時性、変動性、消滅性という4つの特徴があるからだ。

アビリクリップの「肝《きも》」となっている短尺動画は、実はこの4つを〝消す〟働きをしてくれる。

すなわち、ある見本動作――お客様への挨拶の仕方でも、牛丼の盛りつけ方でも――を動画というパッケージに収録すると有形になる。繰り返し視聴できるので同時性も失われる。そもそも見本であるから、誰にでも受け入れられやすい最大公約数的な内容になっており、変動性はなくなる。そして、デジタル情報という形になっているから、クラウドにアップすれば消滅しない。

短尺動画システムを使って現場の暗黙知を形式知に変換すれば、知識創造のSECIモデルが個店内はもちろん、チェーン全体でも回るようになるのである。

私がアビリクリップを構想するにあたっては、野中教授の知識創造理論（ＳＥＣＩモデル）が不可欠だった。私がクリップライン社を起こしたのは２０１３年だが、まだコンサルタントとして駆け出しだった２０００年頃にＳＥＣＩモデルを解説した野中教授の『知識創造企業』を読み、大いに感銘を受けた。

知識創造理論を用いて、サービス業の生産性を画期的に高めることができるのではないか、動画がそのカギになるのではないか。この仮説の正しさを、次章以降で紹介するさまざまな業界の企業の成功が証明してくれている。サービス業で同様の課題に取り組む人にとって、お手本になるような事例を紹介できることが本当にうれしい。

なお、事例の内容や登場する人々の役職は取材当時のものであり、現時点での事実とは一致しない場合がある。その点を踏まえたうえで、動画経営の実際に触れていただきたい。

本書では、各社で実際に利用されている動画の一部を活用例としてＱＲコードから視聴いただけるようにした。こうした動画のノウハウが何百本も撮影され、視聴されて現場に広がっている世界線が想像できるだろう。

私たちはアビリクリップについて特許を取得している。知識創造理論をもとに考案した「映像音声クリップを利用した自律的学習システム」として特許庁に出願し、2017年5月に無事取得することができた（特許番号 第6140375号）。本書で紹介する事例の中には、アビリクリップでなければ実現できない利用例も一部含まれていることをおことわりしておく。

第1章

撤退の危機から V字回復へ導いた経営

クリスピー・クリーム・ドーナツ

大ブームが去って危機が訪れた

変革のドライバーとして動画を導入して経営の機動力を高め、危機を脱した企業を紹介したい。クリスピー・クリーム・ドーナツ・ジャパン株式会社である。

1937年、アメリカのノースカロライナ州ウィンストン＝セーラムで創業したドーナツチェーンで、2006年12月に日本第1号店の「新宿サザンテラス店」をオープンするや大人気となり、連日、長蛇の列ができるまでになった。

その勢いを駆って都内各地域、そして地方へと、店舗網を急拡大させた。結果は吉と出、行列の絶えないドーナツ店として名を馳せる。都内では1〜2時間待ちが当たり前で、地方にいたっては8時間も並ぶ人がいたというエピソードもある。

ところが、当初は目新しさもあって競うように店頭に並んだ客の数が、徐々に減っていった。あの味が流行ったら、今度はこの味が流行る。スイーツ分野で勝ち続けるのは非常に難しいのだ。

しかも、2014年から15年にかけて、大手コンビニチェーン各社がオリジナルのドーナツの販売に相次いで乗り出したことも痛かった。「クリスピーは日本から撤退する」。そんな噂《うわさ》もささやかれるようになった。


店舗数がピークを迎えたのは2015年で、全国に64店舗あったが、その後は次々に閉店し、16年9月には46店舗にまで減少した。

閉店したのはおもに地方の店舗で、関東・東海・関西の三大都市圏に店舗を集中させ、そこにヒト、モノ、カネといった経営資源を投下する戦略だった。

それを指揮したのが、2012年3月に同社に中途入社し、管理本部長を経て副社長になっていた若月貴子氏だった（2017年4月に社長に就任）。

若月氏が取り組んだのは、自分たちが作りたいものを作って売る**「プロダクト・アウト」の企業から、お客様が求めている商品やサービスを提供する「カスタマー・イン」の企業へと、同社を生まれ変わらせることだった。**

それをできるだけ短期間で、しかも確実にやり遂げなければならない。そのための武器として活用されたのが短尺動画システム、アビリクリップである。導入は2016年3月のことだった。

「さばく接客」を「心地よくさせる接客」へ

まず取り組んだのは、それまでお客様が何時間待ってでも買ってくれたヒット商品で、表面のシュガーコーティング（＝グレーズド）が特徴の「オリジナル・グレーズド®」に続く新商品の開発だった。

そして生まれたのが、16年11月に発売を開始した新商品「ブリュレ グレーズド」だ。ドーナツの表面をバーナーであぶることで砂糖をカラメル化させ、苦味と噛んだときのカリッとした触感を付け加えている。さらに、ドーナツの中にはカスタードクリームが入っていて、とろりとした舌触りとグレーズドとは異なる甘味も味わえる。複雑な味や触感を好むという日本人の味覚を研究して考え出した、日本オリジナルの商品である。

この商品はバーナーであぶるところが〝売り〟で、それは各店舗でお客様に提供する直前に行われる。

バーナーを何秒で何回転させればおいしそうなキツネ色の焦げ目がつくのか、その手順とあぶり方を撮影した模範となる短尺動画を作った。各店舗のスタッフはそれを見て、ちょうどいいあぶり方を練習するのである。

次いで、お客様への接し方も変えなければならなかった。それまでの行列前提の店舗では、お客様が求める商品を素早く提供することがいちばん重要だった。いわゆる「さばく接客」である。

ただしそれは、並んでも買いたいという気持ちがお客様にあることが大前提だ。その気持ちがなくなれば必然的に客数は減り、売上げも落ちる。維持するためには来店頻度を上げるか、ドーナツ以外のドリンク類に力を入れてセット購入を促すことで客単価を上げるしかない。

「さばく接客」を「心地よくさせる接客」に変えて顧客満足度を上げるというわけだ。たまたま来店してくれたお客様を、足繁く通ってくれる〝お得意様〟に変えなければならないのだ。

どうすればいいのか。

親しみやすい接客、素早い商品提供を動画で推進

短尺動画導入とほぼ同じタイミングで、クリスピー・クリーム・ドーナツは顧客満足度調査を実施した。お客様に渡すレシートに記載されているQRコードにアクセスすると、店舗や商品、サービスについて5段階で評価するアンケートフォームが表示される。それに回答するとドーナツ1個が無料でもらえるクーポンが発行されるというものだ。

アンケートの集計結果を分析すると、**顧客満足度と相関関係が深い要素が大きく3つあること**が判明した。まずは親しみやすい接客、二つ目はお得な情報を教えてくれること、

そして三つ目が商品提供の素早さだった。

このうち、親しみやすい接客と商品提供の素早さについては対処法がわかりやすい。前者については、来店したお客様には最初に「こんにちは。クリスピー・クリーム・ドーナツへようこそ」ときちんと言いましょう、言い方はこうですよ、といった来店時の挨拶から商品を引き渡して精算するまでの接客の基本を短尺動画にまとめた。後者に関しては、先の新商品動画のように、「商品の店内加工はこのような手順でやりましょう」と手本を示す短尺動画をいくつも作った。

二番目の「お得な情報を教えてくれる」に関しては、アプリを利用した会員システムで対応することにした。アプリ会員になると毎月割引クーポンがもらえるようにしたのだ。会員になると店に足を運んでくれる機会が増えるので、ロイヤルカスタマー育成につながる重要な入口にもなる。

お手本動画で学習するアプリ会員増加策

クリスピー・クリーム・ドーナツがアプリ会員システムをスタートさせたのは2016年8月のことだ。会員になるにはQRコードからアプリをスマホにダウンロードするだけ。お客様がレジで支払いをする際にその説明をすることになっていたが、店舗スタッフ全員が同じレベルで実行できるほど、そのプロセスが明快になっていたわけではない。誘導がうまい人、うまくない人、ばらばらの状態だった。

スタッフにとって、レジの操作は非常に気を使う業務である。ミスを防ぐためには、できることならレジスターとお金、そしてお客様だけに向き合いたい、というのがホンネだ。職歴の浅いスタッフならなおさらで、アプリ会員の勧誘など余計なことはやりたくないのである。

そこで、動画を見て、それをそっくり**まねればいいだけのお手本動画**を作った。

まずはアプリ会員の話を持ち出すタイミングだ。購入商品の総額を計算し終えた時点で、「お客様、いま30秒だけお時間はございますか。その時間を使い、こちらのＱＲコードからアプリをダウンロードして会員になっていただければ、割引券の使用が可能になります。いかがでしょうか」と伝える。そのくらい手短な話で、いますぐ割引してもらえるのならダウンロードしてみようか、となるはずだ。

これが、金額をレジに打ち込んでいるタイミングで、レジ横に貼ってあるアプリ会員の広告に気づいたお客様から、「アプリ会員になったら割引になるんですね。じゃあ、いますぐ入会します」と言われたら、対処のしようがない。

「それはレジを打つ前に言っていただかないと……」などと返そうものなら、「そちらの説明が遅いのが悪い。レジを最初から打ち直せばいいじゃないか」と気分を害して反論するお客様もいるだろう。

「時間がない」と言うお客様には、「それでしたら、こちらのカードを差しあげますので、お手すきのときにＱＲコードからダウンロードし、次回のご購入時に割引サービスをご利用ください」と伝えればいい。

こういった巧みな誘導の手本を短尺動画にし、広めていった。その結果、アプリ会員も右肩上がりで増えていったのである。


新商品や季節商品の販促においては、ポスターなど、お客様が目にする店内の掲示物も非常に重要な役割を果たす。ここでも動画が活躍した。

動画は人が話したり、動いたりする様子を撮影するだけのものではない。撮影対象は物でもいい。

クリスピー・クリーム・ドーナツではポスター張り替えの初日に、その様子を撮影した短尺動画（静止画も可とした）を各店舗から送ってもらった。

マーケティングの担当者が本社でそれぞれの動画をまとめてチェックし、張る場所が適切でなかったり、曲がっていたりと、何らかの問題のある店舗に指示を出し、直してもらう。それだけで全国に60以上ある店舗において、販促ポスターが正しい位置に張られるようになったのだ。

トップのメッセージ動画が大人気で、2度見、3度見するスタッフも

クリスピー・クリーム・ドーナツではトップによる分身型動画も使った。短尺動画システム導入以前は毎月1日に、社長メッセージを社員と店舗にメールで送っていたが、アルバイトスタッフたちに向けた短尺動画も用意するようにした。

「みなさん、先月もありがとうございました。おかげさまで、新商品の売れ行きが前の月の1・5倍に増えました。ありがとうございます。今月もよろしくお願いします」

こういう具合に、細かな数字の説明はせず、「あなた方のがんばりによって日々の好業績が実現しています」といった感謝の気持ちを言外ににじませた、親しみやすい内容になっている。しかも、「1・5倍に増えました」という喜ばしい事実を伝えるときには、若月社長が必ず拍手をす

▲社長メッセージ
https://corp.clipline.com/kkdj

るのだ。

さらには、「ブリュレ グレーズドはデリケートな商品です。カミサリー（セントラルキッチンのこと）からは完璧な品質で出荷されていますが、店舗での適切な管理を怠ると、お客様に最高のドーナツ体験をご提供することができません。店舗での管理がきちんと行われているか、いまいちど確認をお願いします」といった細かな注意も付け加える。

トップがここまで言うのだから、現場への浸透度も高まるはずだ。

動画の効果は絶大で、若月社長が店舗を訪れるとアルバイトのスタッフたちが、初対面にもかかわらず「わぁ社長だ。こんにちは」と歓迎してくれ、「いつも動画を楽しみにしています。この新商品はけっこう売れていますよ」と気軽に話しかけてくれるというのだ。

クリスピー・クリーム・ドーナツの従業員数は1500人あまりだが、若月社長の動画の再生回数は毎月1500回を優に超えるという。2度見、3度見をしてくれる人がいるということだろう。すごい訴求力である。

こうした策が奏功し、クリスピー・クリーム・ドーナツは見事なV字回復を遂げた。

2017年8月から30か月連続で売上高前年超えを達成したのである。

「見本動画の視聴、間違いの改善、時間内での実践」という3ステップ

短尺動画システムには**お手本動画と、それをまねて自分がやったときの動画を比較し、**お手本に近づくにはどうすればいいか、イメージトレーニングを行える機能が備わっている。また、自分の動作を撮影した動画に対し、上司や熟練スタッフからのレビューがもらえるフィードバック機能も備わっている。

その実際をクリスピー・クリーム・ドーナツの例で見ていこう。

前述したように、同社はテイクアウト客にターゲットを絞った「さばく接客」から脱却し、店内でも飲食してくれるロイヤルカスタマーの育成に取り組んだ。

イートイン客を増やすには、主力のドーナツだけでなく、ドリンク類の充実化が大きなカギを握る。そこで力を入れたのがラテだった。

同社のラテはエスプレッソにスチームミルクをたっぷり注ぎ、滑らかなフォームミルクをトッピングして提供する。その作り方を動画にした。

まず、手本となる動画を本部が配信する。それを参考に実践した動画を各スタッフに投稿してもらう。

何百本も集まった動画を本部で分析したところ、一連の動作の中で犯しがちな間違いが3つほどあることが判明した。

ひとつは、エスプレッソマシンに装備されているミルクスチーマーの空ぶかしを忘れてしまうことだ。スチーマー内には前回のミルクや水分が残っていることがある。空ぶかしをしてそれを排出しなければ、余計な水分が注入されることになり、ラテの味が変わってしまうのだ。

二つ目は、フォームミルクをつくった後、ミルクスチーマーを布で拭くことを忘れてしまうことだ。そうすると付着した汚れが取れなくなってしまう。

最後のよくあるミスは、挽いたコーヒー豆の粉をエスプレッソマシン内のホルダーに詰める際に発生する。マシンにセットするときはタンパーと呼ばれる器具を使ってコーヒー粉の表面が平らになるように押し固めるのだが、初心者の場合、その押し固めが不十分になりがちなのだ。

そうすると、湯が通過する際にコーヒーのうまみ成分が十分に抽出されず、おいしいエスプレッソができあがらない。場合によっては、コーヒーの粉がカップ内に混入してしまうこともある。これではお客様に出せない。

この3つのミスを説明し、それを防ぐ模範的なやり方を示す動画を本部で作り、配信した。これが2番目のステップだ。

そして、第3ステップとして、「いままで学んだことを生かし、お客様をお待たせしないよう、注文を受けてから1分以内に、決められた手順でおいしいラテを作ってください。その動画を撮影し、投稿してください」という課題を出した。

投稿された動画に対して上位者がレビューを行い、合否の評価と改善点を指摘するコメントを返す。そして、場合によっては再度、改善後の動画を投稿してもらう。

あるべきやり方を学ぶ。よくある間違いを改善する。時間内でそれが確実にできるようにする。この3ステップを踏んでもらうことで、クリスピーの店内で供されるラテの質と提供スピードを各段に向上させることができたのである。

経営論の視点から 1

分析協力：**入山章栄** 早稲田大学大学院経営管理研究科教授

動画で行動変容を促すことができる

クリスピー・クリーム・ドーナツでSECIモデルがどのように回っているのかを見てみよう。

序章にも記したとおり、SECIモデルは、暗黙知と形式知が組織内で相互変換しながら集合知に発展していくプロセスを、次の4つのフェーズで説明する。

①共同化（Socialization）：個人が他者と直接対面することによって生じる、お互いに

対する共感や、環境との相互作用を通じて暗黙知を獲得する。お互いがそれぞれの暗黙知を共有する。

②表出化（Externalization）：個々人の暗黙知を、対話や思索、メタファー（比喩）の活用によって明らかにし、コンセプト（概念）や図像、仮説などを生成する。個人の暗黙知を集団レベルの形式知へと変換する。

③連結化（Combination）：集団レベルの形式知を複数組み合わせ、物語や理論に体系化する。集団レベルの形式知を組織レベルにまで高める。

④内面化（Internalization）：組織レベルの形式知を各自が実践し、新たな価値を生み出すとともに、その実践を通じて新たな暗黙知を獲得する。個人、集団あるいは組織レベルで、新たな知を獲得する。形式知から暗黙知が生まれる。

たとえば、ドーナツのあぶり方を紹介した動画がある。バーナーの炎をドーナツの表面に何秒ほど当て、何回ほど回転させれば、おいしそうなキツネ色の焦げ目がつくのか、スタッフが見て練習する。これは暗黙知の形式知化という意味で、表出化の動画といえる。

一方、そのあぶり具合の動画を撮影、投稿してもらい、各自がお手本動画と比較して確認する。また、その動画に対し、褒めるにせよ、改善を促すにせよ、本部が何らかのコメントを出す。これが繰り返されると、全店におけるドーナツのあぶり方がレベルアップするというわけだ。

ここでは、表出化された形式知が、手本との比較、あるいは本部のコメントにより、別の形式知に変換されている。つまり、連結化が行われていることを意味している。

さらに、同社では顧客単価を向上させる取り組みに関し、動画の投稿による社内コンテストが実施されている。自分なりの単価アップの工夫を全社で共有し、ナンバーワンを決める。そしてナンバーワンになった社員のコツを今度は、別の社員が実践してみる。これは表出化、連結化、そして内面化のフェーズの連関であり、各自の暗黙知が組織の形式知に変換され、さらにそれが再び各自の新たな暗黙知へとつながることになる。すなわち、SECIモデルが1回転していることになる。

最初の共同化はSECIモデルにおいて最も重要なプロセスであり、全体の起点でもある。このプロセスでは、ペアや車座による対話によって暗黙知を交換することで、新たな暗黙知が生まれることが想定されている。よって、事前に録画された動画による共同化は簡単ではない。

しかし、動画の内容を咀嚼《そしゃく》し反芻《はんすう》することで、生身の人間と対話をしているときのように、新しい知識の結び付きや洞察が促される可能性はあるのではないか。

さらに急速に進歩しているChatGPTのようなAIが介入すれば、発言の内容に基づいて質問を生成したり、話を要約して新しい視点を投げ掛けたりすることができる。AIが持つ広範な知識により、場合によっては人間同士の交流を超える創発が起きることも期待できるのだ。

このクリスピー・クリーム・ドーナツにおける動画の使われ方について、早稲田大学大学院経営管理研究科教授の入山章栄氏はこう語る。

「非常にわかりやすい短尺動画の活用例で、SECIモデルがきれいに回っています。『経営は実行』という言葉があるように、良いことをいくら議論していても意味がありません。経営の成否は、最終的には一人ひとりの従業員の行動にかかっているんで

クリスピー・クリーム・ドーナツの SECIモデル

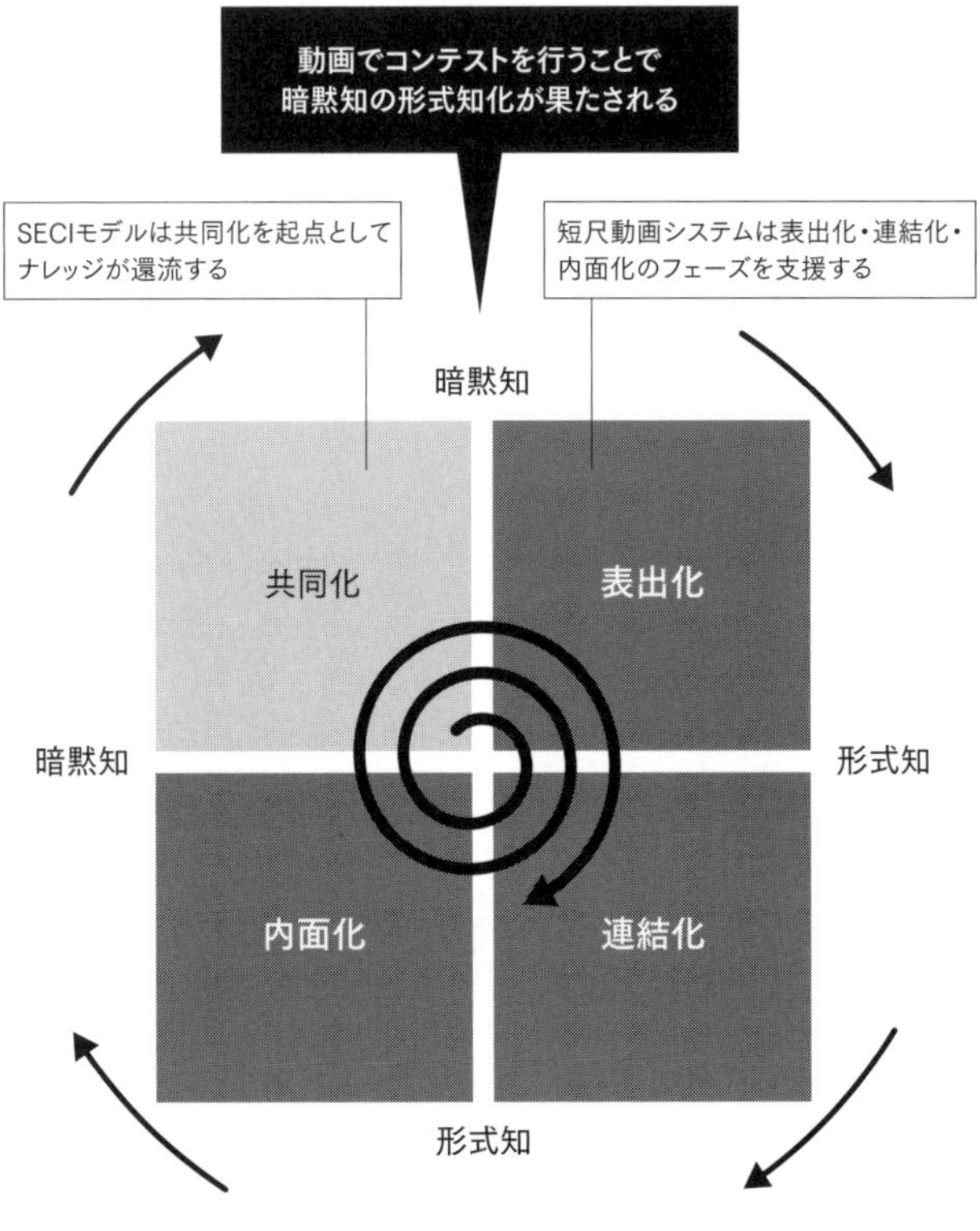
動画でコンテストを行うことで
暗黙知の形式知化が果たされる
SECIモデルは共同化を起点として
ナレッジが還流する
短尺動画システムは表出化・連結化・
内面化のフェーズを支援する
暗黙知
共同化
表出化
暗黙知
形式知
内面化
連結化
形式知

動画による社内コンテストでナンバーワンとなった事例を今度は別の社員が視聴し実践することで、内面化され、新たな暗黙知を生む共同化へ進む。

す。短尺動画をこのように使うことで、従業員の行動変容を促し、経営が『正しい』とお墨付きを与えた最適な行動に彼らを紐づかせることができるわけです」

動画には人を腹落ちさせる力がある

入山氏いわく、経営に使われるメディアには3種類、つまり文字、音、動画があり、それぞれに特徴がある。

「文字のよさは、ある程度の情報が一発で手に入ることです。一方、ある空間にどんな人がいて、どんな動きをしているのか、というリアルな情報を伝えることは文字は不得手です。音に関しては、一時、クラブハウスというアプリが盛り上がったように、人と人とのつながりを強める効果があります。一方で、文字よりは情報量が少なく、同じ量を伝達するのに時間がかかります。しかも、視覚に訴える部分がゼロなので、そのぶんを人が想像力で補わなければなりません」

動画はどうか。

「動画は音と映像で構成されており、視聴した瞬間にすべてを把握できるというメリットがあります。文字や音で『礼儀正しい挨拶をしましょう』といくら伝えても、うまく届かない。『礼儀正しい』の内容を、言葉を尽くして説明しなければならないからです。これが動画だったら一発で伝わります。動きを伴う仕事が必要な現場のクオリティを上げるには、いちばん向いているメディアでしょう」

動画の効果は、既存の経営理論でもうまく説明できるという。具体的には、米ミシガン大学の組織心理学者カール・ワイクらによるセンスメイキング（Sense-making）理論である。センスメイキングとは、日本語で言うところの「腹落ち」である。メンバーを腹落ちさせて、目の前の仕事に向かわせることの重要性を説いた理論だという。「先ほどの例で言えば、『礼儀正しい挨拶をしなさい』と口酸っぱく言っても、それを受けた側はなかなか腹落ちできないわけです。そこに動画を導入する意味がある。この道10年のスーパー店長の手本を動画で見れば、こんなふうにやるのか、と心底納得できる。礼儀正しい挨拶をしたことで、当の店長がお客様から褒められた話でも付け加えれば、腹落ちはさらに強まります」

人間同士の信頼感は動画でも醸成できる

さらに、短尺動画システムを利用するメリットは、企業ごとに異なる戦略とオペレーションに応じて従業員の行動変容を促すことができる点にあると入山氏は指摘する。

「マクドナルドが目指すのは現場のスーパー標準化です。お客様の注文を受けてから何秒以内に注文どおりのハンバーガーを作って出せるかに社の命運を賭けている。そのために整備されているのが、社内教育機関であるハンバーガー大学なんです。

一方、スターバックスコーヒーは提供するドリンクやフードが自分たちの最大の売り物だとは考えていません。そうではなく、彼らが売り物にしているのは、居心地のよい空間にいるという経験、通称スターバックス・エクスペリエンスなんです。そのためには、お客様をリラックスさせ、気持ちよくさせるというのが接客の基本になる。

クリスピー・クリーム・ドーナツの場合、『さばく接客』から『心地よくさせる接客』への転換を図りました。要は、マクドナルド型、スターバックス型のどちらにも対応できたということになります」

SECIモデルにおいては、動画の使用を想定してこなかった。これは野中教授が「まえがき」で述べているとおりだ。結果、暗黙知を形式知化する表出化を行うには、言語の使用を前提としてきた。その場合、会話、つまり話し言葉はともかくとして、書き言葉を使うとなると、そのハードルは高い。時間も手間もかかってしまう。

その点、動画になると違う。表出化があっという間に可能になるのだ。

「SECIモデルを回すうえでは、いままでは表出化に非常に手間がかかっていたんです。その典型が文字によるマニュアルの作成です。そこに動画を導入することによって手間が省け、そのぶん従業員は連結化や内面化に集中できるようになった。要は、現場での反復学習にもっと時間をかけられるようになったんです。動画を導入すると、現場の暗黙知は実は豊かになると思います」（入山氏）

第2章

同業態の 2、3倍の売上げを生む秘訣

オオゼキ

正社員率6割の昭和のスーパーがとてつもない売上げを維持

東京、神奈川、千葉に42店舗を展開する食品スーパー「オオゼキ」には、熱心な顧客がついている。その理由は、生鮮食品に代表される品ぞろえの多さとコストパフォーマンスの高さ、そして活気あふれる店内にある。徹底した地域密着で、店の周囲半径500メートルから1キロメートルに住むお客様のニーズを徹底的に汲み上げ、個性あふれる店づくりを行っている。家を引っ越す際には、駅近ならぬ〝オオゼキ近〟を最優先に転居先を決める人もいるくらいだ。

オオゼキのビジネスモデルは、ほかのスーパーとはまったく異なる。

昭和のスーパーは、肉屋、八百屋、魚屋といった個店が1つの施設の中に集まり、それぞれに対面での接客、販売を行っていた。その後、アメリカのチェーンストア方式がスーパーにも応用され、徹底的な省力化と情報化が行われた。個店ではなく、加工食品コーナー、生鮮食品コーナーといった〝区分け〟がされて商品が展示され、客は店員と会話することなく欲しい商品をカートに入れ、レジに持っていく。標準店方式で、どの店に行っても商品の品ぞろえや価格はほぼ同一だ。

ところがオオゼキは、その昭和のスーパーのスタイルをいまでも続けている。肉屋、魚屋、八百屋、惣菜屋などが寄り集まって1つの店舗を形成しているのだ。したがって精肉担当者、鮮魚担当者などの権限が強く、仕入れも個店ごとに行う（もちろん、購入した商品を決済するレジは共通になっている）。

郊外型スーパーの標準店舗では1店当たり15名の正社員がいて、あとはパートのスタッフで運営されている。一方、オオゼキの各店舗はその半分ほどの広さであるにもかかわらず、35名の正社員が配置されている。

ほかのスーパーの正社員比率が3割だとすれば、オオゼキは6割になる。固定費がそれだけかかるわけだ。それをカバーするために、**オオゼキの各店の売上げは他のスーパーと比べ、単位面積当たり2倍から3倍と高い。**

「長い時間働けて、経験と勘を養い、向上意欲も高く、臨機応変に働ける人を求めてきた

結果です。社員として雇い、育成したほうが戦力化の近道なんです」（副社長　明瀬雅彦氏

※肩書はインタビュー当時）

包丁さばきの動作を繰り返し視聴

そのオオゼキに短尺動画システムが導入されたのは、2019年5月のことだった。大きく2つの目的があった。

ひとつは人材育成に関するものだ。それまでは各部門の責任者が店舗を巡回し、後進を直接指導するやり方がとられていたが、店舗が増えるにしたがってそれが難しくなった。紙のマニュアルを使ったり、写真を活用して説明したりと、いろいろ試したがうまくいかず、適切なITツールを探していたところ、短尺動画システムに行き着いた。

短尺動画がいちばん活躍しているのが精肉部門と鮮魚部門で、包丁さばきの実際を解説

した動画が繰り返し視聴されている。そのほかの部門でも、たとえば入店してからの客の動線に沿って売り場を撮影し、どこに何を、どう置けば購買につながりやすいのかを説明して、「売り場をつくる技術」として全員で共有している。

レジ担当者（チェッカー）の仕事のスピードを上げるための動画もよく視聴されている。

「お客様がチェッカーに求めるのは速さです。うまい人は、商品を手に持ちスキャナー台にかざす際の手の動かし方や、商品の持ち方を自然に工夫しているんです。言葉を尽くしてもなかなか伝わりませんから、うまくできない人には動画を見てもらい、全体の底上げを図る。おかげさまで、オオゼキのレジは速いとよく言われます」（人材開発室室長　青木慎一氏）

メーカーから異常値と言われる売れ行き

もうひとつの目的は、それぞれの店舗で独自に行われている工夫をほかの店舗にも横展開し、全社的に実施することだった。

たとえば、オオゼキでは毎年同じ時期に、チョコレートやアイスクリーム、飲料といった特定商品をターゲットにした販売キャンペーンを行っている。**ポップをどう書くか、どんな言葉で、どのようにお客様に呼び掛けるか、各店が自分たちの取り組みを動画で撮影し、全店で共有**しているのだ。

具体的には、担当者が「本日のご来店、まことにありがとうございます。今日おすすめしたい商品はこちらです」と呼び掛ける内容だ。

「いいなと思ったら、それをまねして、何回も繰り返し言ってみる。そうすると自分なりの言い方、言葉遣いができるようになります。キャンペーン対象のメーカーからは、（オオゼキの販売数は）異常値だと言われます。うちの販売力の高さをメーカー各社が評価し

てくれて、商品の融通を多少つけてくれることもあります」（青木氏）

▲マイクアナウンス
https://corp.clipline.com/ozeki

当のメーカーが異常値と認めるほどだが、なぜそんなに売れるのか。

ほかのスーパーのキャンペーンでよく見る、マネキンと呼ばれる派遣販売員が特定商品を客にすすめる方法とは違うことが大きいのだという。

オオゼキではおすすめ商品に専属の販売員がつくわけではない。チェッカーがレジ打ちをしながら、あるいは担当者が棚の整理をしながら、自分の仕事の合間にキャンペーンの声掛けをする。

「ボジョレー・ヌーボーのキャンペーンのときもそうです。普段、お酒を常用していないような人も、顔なじみのチェッカーに言われたら、じゃあ1本買ってみようかね、となる。生身の人間から一声掛けられると、損得勘定だけで考えなくなるケースだってある。それが人情というもの。こうした意味のマン・ツー・マン・ビジネスは、やはり正社員中心でないとなかなか難しいものです」（明瀬氏）

ほかのスーパーがオオゼキのまねをして動画を使い、キャンペーンのやり方を各店で共有するようにしても、**個店主義、地域密着主義、正社員主義**というオオゼキの哲学まで踏み込んで継承しないかぎり、異常値と言われる売上げは実現できないということだろう。

「どちらかといえば、コト消費で、楽しみながら買いたいというお客様に大勢来ていただきたい。そのためにも、マン・ツー・マン・ビジネスに磨きをかけ、業務効率も上げていくために動画をもっと活用していきたいと思っています」（明瀬氏）

経営論の視点から 2

相互学習を進展させる社内SNS的動画の使い方

分析協力：**入山章栄**　早稲田大学大学院経営管理研究科教授

商品の並べ方ひとつで店の売上げは大きく変わる。同じく、従業員による商品PRのデモンストレーションでも大きく変わる。オオゼキでは各店舗における陳列の工夫や、マイクを使った商品PRのパフォーマンスを、短尺動画システムを通じて全店で共有している。時には、動画ばかりではなく静止画も使っている。

当然のことながら、その動画や静止画はSECIモデルにおける表出化プロセスにほかならない。その表出化された映像を、各店舗が自分たちの工夫と組み合わせ、新しい映像や画像にして投稿する。まさに連結化であり、その映像を見て学んだ従業員の中に新たな暗黙知が蓄積される。つまり内面化だ。こうした形で、オオゼキにおいてもSECIモデルがぐるりと回転していることがわかる。

早稲田大学大学院経営管理研究科教授の入山章栄氏がこう話す。

「オオゼキでは、社内SNS、もっと言えば、社内インスタグラムとして短尺動画システムが使われているのだと思います。表面上はシンプルな知識共有に思えますが、私から言わせると、そこにはもっと深いものがある。みんなに認められたいという個々の**従業員の承認欲求が満たされ、さらにそこに競争が起き、結果として相互学習が進展している**のだと思います」

承認欲求が満たされると、仕事に対するモチベーションが上がる。実際、短尺動画

オオゼキのSECIモデル

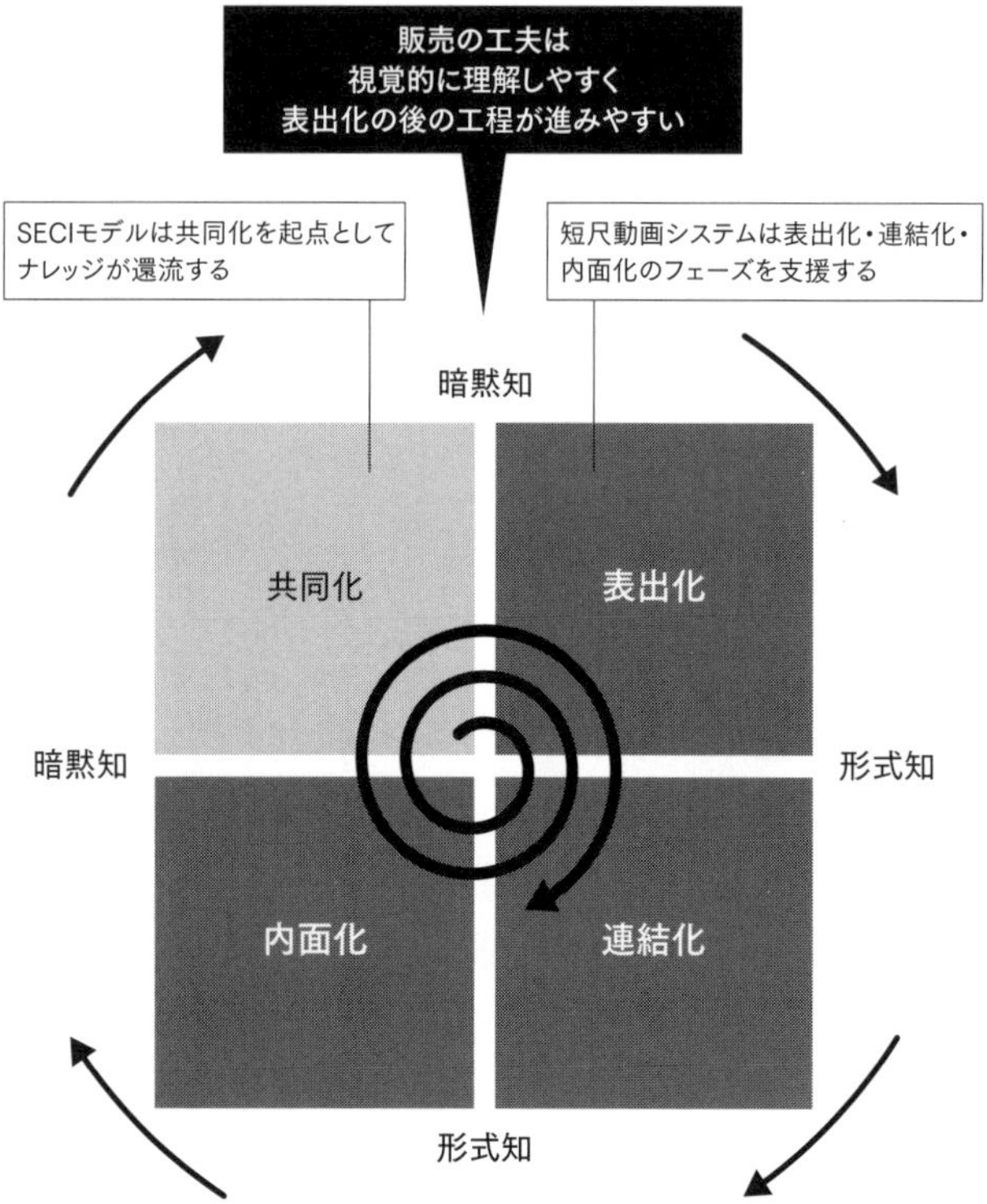
販売の工夫は
視覚的に理解しやすく
表出化の後の工程が進みやすい
SECIモデルは共同化を起点として
ナレッジが還流する
短尺動画システムは表出化・連結化・
内面化のフェーズを支援する
暗黙知
共同化
表出化
暗黙知
形式知
内面化
連結化
形式知

オオゼキでは各店舗の売り場の工夫を動画で投稿、全店舗で共有し、各店舗が自分たちの工夫と組み合わせ、新しい映像や画像を投稿する。

システムの導入後、オオゼキでは社員の離職率が大きく改善しているという。

生身の人間を介したOJT、動画を活用した教育、軍配は？

動画といっても、短尺動画でなければ、SECIモデルはなかなか回らない。長尺の動画は編集に手間がかかりすぎるうえにポイントを絞りにくく、見るほうも学びどころをつかみにくい。短尺で撮りさえすれば、編集といっても難しく考える必要はなくなる。短尺になった段階で肝要なポイントだけがピックアップされ、ほぼ編集済みとなっているからである。

ここで、生身の人間との対面によるOJTと、動画による教育のどちらが効果的なのか、考えてみたい。ただし人間にも二通りあり、ひとつは相手に合わせて教える内容を変えられる人間、もうひとつは通り一遍の教え方しかできない人間である。

間違いなく言えるのは、後者のロボットのような人間に教えられるよりも、編集済みの短尺動画を使った教育のほうが効果が高い、ということだ。

では、前者の場合はどうかといえば、総コストを考えると、わずかに動画のほうに軍配が上がるのではないか、というのが私の結論だ。

動画はまず、自分が確認したい箇所を繰り返し、時には再生スピードを遅くしたり、速くしたりしながら視聴できる。学習プロセスがきわめてフレキシブルだ。生身の人間では、これが難しい。同じことを教えてくれと何度も部下に言われたら、気の短い上司ならキレてしまうだろう。

次に、動画は作りさえすれば、視聴のためのコストは安い(スマホが普及した今日では、作成コストも高いわけではない)。好きな場所で好きな時間に学ぶことができる。教えられるキャパシティに制限はなく、逆にレバレッジが効く。クラウドにアクセスできれば、誰でもボタン操作ひとつで学習をスタートできるからだ。

一方の対面型OJTでは、教える側と教わる側が同じ時間に顔を合わせなければならないし、一人の人間が教えられる数も限られている。さらに、集合型の研修を行うとすると、交通費も会場費も必要だ。

対面型ＯＪＴを主体としている企業には、そんなにコストをかける余裕があるのか、と本気で心配してしまう。

第3章

ユニークな人材獲得策をレバレッジする動画活用

メンテナンス美容室ChokiPeta(チョキペタ)

メンテナンスカットを行う格安美容室チェーンの特異な戦略

椅子の背もたれを後ろに倒すと、上体があおむけになった。額のあたりにタオルが置かれ、プラスチック製のシールドが頭部をすっぽり覆った。

「これから始めます」というスタッフの声が聞こえ、頭の周りに温かな湯流が生じた。そのうち、あらゆる方向から放射線を描くように、細かい湯流が、強すぎることも弱すぎることもなく、まんべんなく頭の表面を行ったり来たりする。

最初はくすぐったさも感じたが、慣れてくると実に心地よくなり、思わず寝入ってしまいそうになる。しばらくすると湯流の勢いが徐々に減じ、ぴたりと止まった。時間にして5分。これで1回500円。思わずもう一度とリクエストしたくなった。

私が人生で初めてこのオート（自動）シャンプーを体験したのが、カットと髪染め専門のリーズナブルな価格のメンテナンス美容室「ＣｈｏｋｉＰｅｔａ（チョキペタ）」である。

神奈川県横浜市に本社を構え、Ａｓｈ（アッシュ）などの美容室チェーンを３００店舗以上展開するアルテ サロン ホールディングス傘下のＣ＆Ｐ（本社は同じ横浜市）が、２０１１年７月オープンの堀切菖蒲園店（東京都葛飾区）を皮切りに、首都圏と関西で71店舗（２０２４年４月末日現在）展開している。

チョキペタの主要なターゲット顧客は40代後半から60代の主婦だ（もちろん男性も若い女性も利用できる）。そのため、商業施設のテナント開発担当者からは非常に歓迎される業態だといい、多くの店舗は食品スーパーやショッピングモールのテナントとして出店している。チョキはカット、ペタはカラーリングを示す。わかりやすいネーミングだ。

ここで行うカットの中心は、ヘアデザインを変えるものではなく、いまのスタイルをきれいに維持するため、伸びたぶんだけ１～２センチ切る、いわゆるメンテナンスカット。白髪染めも圧倒的に白髪染めが多い。

しかも、こうしたサービス内容を細かく設定（たとえば、普通のカットより安価な前髪カットというメニューもある）し、短時間かつリーズナブルな料金で提供している。同グループのデザイン美容室Ａｓｈの客単価が８８００円前後であるのに対し、チョキペタは２５００円。この安さが節約志向の主婦たちに支持されているのだ。

ショッピングセンター内や駅近が主な立地で、予約制ではないため、外出帰りや買い物のついでといったすき間時間をうまく活用できるようになっている。

シャンプーは自動、レジも機械で代替

興味深いのは、客層のみならず、そこで働く美容師も同年代の女性が多いことだ。

美容師になるのは若い女性が多い。そして結婚や出産を機に離職してしまう。給料が低いことや、立ったまま長時間働かなければならないという体力的な問題を理由に、他業界へ転職するケースも多い。結果として、**美容師の免許を持っていながら働いていない「休眠美容師」**が、**日本には75万人以上いる**といわれている。

チョキペタはここに目をつけた。子育てが一段落した40～60代の休眠女性美容師を積極的に採用しているのだ（なかには70代の人もいるという）。

現場を離れていた美容師は、技術面で不安を抱えているものだ。お客様から最新の髪形を要望されても応えるのは難しい。その点、チョキペタで求められるのはメンテナンスカットなのでハードルが低い。現場を離れて長い休眠美容師が復帰しやすい職場なのだ。工夫はそれだけではない。作業の機械化を進めてスタッフの負担を減らしている。

美容室で特に重労働になるのが洗髪だ。前かがみの姿勢でお客様の頭を抱え、細心の注意を払いながら指を動かさなければならない。この重労働をなくすため、チョキペタには先ほどのオートシャンプー機が導入されている。さらにセルフレジも入っており、スタッフが現金を扱う必要がない。現金の取り扱いは非常に神経を使うので、それを機械が代替してくれればスタッフのストレス減につながる。

このチョキペタにも短尺動画システムが導入されている。

たとえば、オートシャンプー機の使い方である。機械本体の操作法から、湯がかからないよう、あおむけになったお客様の顔の周りをタオルで覆うやり方、シャンプー液、コンディショナー液の補充法まで、オートシャンプーだけで6本の短尺動画があり、いずれも使い方を懇切丁寧に説明している。

なかには、部屋のゴミ捨て、お客様のメンバーズカードへの必要事項の記載、ほかのお客様の誘導といった、オートシャンプー機が動いている間にできることの徹底を促す動画もある。

「私のような年配者でも採用してくれる美容室があるんだ。久しぶりに腕を振るってみようかしら」と思っても、オートシャンプー機やセルフレジなど、見慣れない機械の操作が必須となれば、働くことを躊躇《ちゅうちょ》するかもしれない。

人から教えてもらえばできるだろうが、自分は機械オンチだから何回も失敗するかもしれない。それで叱られたり、首にされるのは嫌だな、と不安になる人もいるだろう。

しかし、動画で学ぶのであれば、自分の好きな時間に何度でも見て確認できる。じゃあ働いてみようか。そんなふうに背中を押してくれるのが短尺動画なのだ。チョキペタでは、採用が決まって現場で働く前に動画を見てもらうことが多い。**動画のおかげでスムーズに仕事に入れるようになり、離職率が下がるというメリットも**出ている。

「こうやればできるのか」を動画で示す

ここで、スタッフの視聴回数が多く、一番人気になっているお手本動画を紹介しよう。それはカラーリング、つまり白髪染めをいかにスピーディに行うかを実地で説明した動画で、こちらもいくつかのテーマに分かれている。

たとえば、「無駄な動き」と名付けられた動画では、施術中にカラー剤や刷毛をどこに置けば無駄な動作が少なくなるかを説明している。その究極の方法はカラー剤を利き手と反対の手首付近に数回分とっておくというもの。1回ごとに容器まで刷毛を往復させるよりも断然時短になるのである。

動画には音声がなく、映像のみだ。映像を見れば**一目瞭然、解説なしで理解できる**ということと、営業中の店舗内でも見られるように、という配慮からである。

白髪染めの施術すべてを動画にすると長時間になってしまうので、繰り返しの動作については早送りで編集している。

▲時短ノウハウ
https://corp.clipline.com/candp

動画の投稿者は、腕に覚えのあるチョキペタ各店の店長たち。自らが編み出した技術、ノウハウを短尺動画にしてアップしているのである。

なぜこの動画が人気を博しているかというと、チョキペタには「カラーリングは15分で」というルールがあるからなのだ。通常の美容室では考えられない短時間だが、「早い！　安い！　親切！　丁寧！」がチョキペタのコンセプト。早さはチョキペタに来店するお客様の望むものであると同時に、客の回転率が上がるので店側が望むものでもある。

客単価が低いのだから、売上げを確保するには客数を増やす必要がある。チョキペタ1店舗当たりの客数は1日30人強だという。席数は通常6席なので、5～6回転する計算になる。同グループのデザイン美容室Ａｓｈでは3回転ほどなので、チョキペタの半分程度だ。

スタッフの技術向上により施術時間を短縮できれば、回転数はさらに上げられる。カラーリング10分へのチャレンジが生まれるかもしれないのだ。

ただ、これまで早さを売り物にした美容室で働いたことがないばかりか、長期のブランクで腕にも多少の不安が生じている美容師は、すぐには対応できない。そこで短尺動画が威力を発揮する。動画では目の前で、短時間でカラーリングが可能な技がいくつも紹介されている。

「こうやればできるのか」。**目からウロコが落ちる**のだ。

美容師も職人だ。職人は自らの技の向上には貪欲に取り組む。かくして、動画は次々に再生され、チョキペタ各店における白髪染めの速度も次々に上がったことだろう。

経営論の視点から 3

分析協力：**入山章栄** 早稲田大学大学院経営管理研究科教授

スキルのリユースが必要となる時代

いつの時代にも新しいタイプの業態が誕生するが、チョキペタはビジネスとしての着眼が素晴らしい、美容業界の新星と見られている。

日本においてボリュームゾーンである第2次ベビーブーマーの50代をコアターゲットに、「いつでも小ぎれいでいたい」、しかし「コストはあまりかけたくない」というニーズに訴求している。つまり、マーケットサイズが大きい。

このニーズを満たすために、休眠美容師という、低コストで雇えて一定の技術を持っている人を集め、そこにカットも含めたオペレーションの標準化という手法を持ち込んだ。

業態は違えど、急成長したチェーン店と言えば、かつての牛角や各回転寿司チェーン、記憶に新しいところだと、いきなりステーキや、チョコザップなどの名前があがる。急成長期に最も大切なことは再現性である。

特にチョキペタの場合、顧客は同じ店に定期的に通い続けるため、実は1顧客当たりのライフタイムバリュー（LTV：生涯価値）が高い。仮に、1回当たりの平均単価が2500円として、2か月に1度10年間通ってくれた場合、1顧客からの累積売上げは、2500円×年6回×10年＝15万円にもなる。よって、1回当たりの満足度をどれだけ高く維持できるかが勝負の分かれ目となる。

ターゲット顧客が明確なだけに、出店戦略も立てやすい。商圏分析を行えば、全国に何カ所くらいの出店余地があるかも正確に算出できる。

日本の構造問題として、国民の3人に1人が高齢者として年金を受け取る側にいて、さらにその人たちに対する介護支援が必要となる世界が訪れている。見方を変えれば、年金受給者は一定のスキルを持って長期間働いてきた人たちなので、彼らの知識やスキルを借りるビジネスがもっと出てきてもいいと思う。

リスキリング（技能再習得）がひとつのブームになっているが、スキルのリユース（再活用）も考えるべき大きなテーマではないだろうか。「生涯現役」はけっして悪いことではなく、彼らに活躍の場を用意して再び輝いてもらうことは、社会全体で見ると大きなメリットがある。

チョキペタでは「休眠美容師」という概念だが、「休眠〇〇」はあらゆる職業にあるのではないか。

休眠理容師、休眠看護師にも適用可能

チョキペタでも、カラーリングを短時間で仕上げるコツ、店内スタッフ全員でお客様の仕上がりを褒めるルールなど、暗黙知の形式知化、すなわち表出化がさかんに行われている。

早稲田大学大学院経営管理研究科教授の入山章栄氏がこのチョキペタの例で着目したのも、休眠美容師の活用という点だ。

「多くの美容師は20代の若い女性の髪を切りたくて美容師になったわけです。しかし、この業界は競争による新陳代謝が激しく、一定年齢を越したら仕事から離れてしまう。チョキペタがそこに目をつけた。**あなたでもこんなふうにやれば、もういちど働けますよ**、と。うまいなと思いました」

私はチョキペタの動画を見て、トヨタとリクルートが合弁でつくったＯＪＴソリューションズという会社のことを思い出した。トヨタの工場で経験を積んだベテランの

チョキペタのSECIモデル

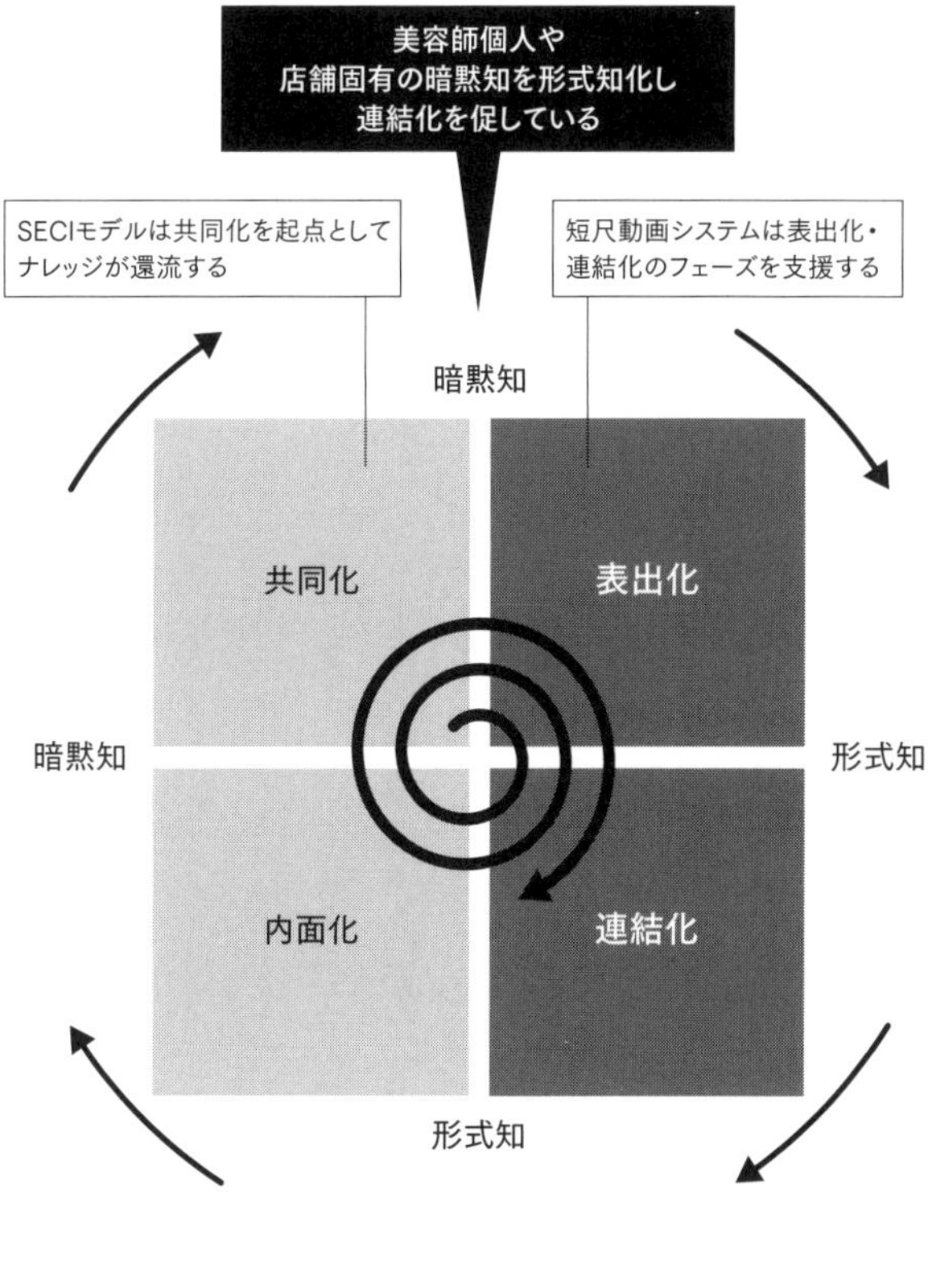
美容師個人や
店舗固有の暗黙知を形式知化し
連結化を促している
SECIモデルは共同化を起点として
ナレッジが還流する
短尺動画システムは表出化・
連結化のフェーズを支援する
暗黙知
共同化
表出化
暗黙知
形式知
内面化
連結化
形式知

チョキペタでは仕事を早く仕上げるコツ、店内スタッフ全員でお客様の仕上がりを褒めるルールなど、暗黙知の形式知化がさかんに行われている。

元社員が、そこで叩き込まれたトヨタ生産方式をサービス業を含めた別の企業に移植する。

その場合、まず現場に足を運び、ムリ・ムダ・ムラを削減するにはどうしたらいいか知恵を絞る。

ムリとは「設備や人の心身への過度の負担」を、ムダとは「原材料費や人件費などの原価のみを高めてしまう要素」、ムラとは「仕事量や人への負荷のバラツキ」を指す。

それを探るために、行動の一つひとつをビデオで撮影し、作業ごとの作業時間と歩行時間を1秒単位で計測してグラフ化する。それを見れば、どこにムリ・ムダ・ムラがあるのかが明確になる。たとえば、室内のレイアウトが悪くて歩行時間が過大になっている場合、それを減らすようなレイアウトに変えるだけで作業効率はアップする。

カラーリングのスピードアップに関する一連の短尺動画を見てもらうことは、このプロセスを一挙に行っているのと同じことなのだ。

繰り返すが、休眠人材は美容師に限らない。休眠理容師だっているだろう。コロナ禍では、一線をリタイアした看護師の存在がクローズアップされ、各地のナースセンターなどが復職の呼び掛けを行ったことは記憶に新しい。

そうした**「手に職系」の休眠人材が現場に復帰する際、休職期間に応じて、当然、求められる能力やスキルが不足する。**その際、チョキペタのように短尺動画をうまく活用すると問題が解決する可能性が高まる。

また、動画は別の目的にも活用できるのではないかとも考えている。何かと言えば、採用広告である。いくつかの動画を組み合わせ、チョキペタのホームページやユーチューブなどを通じて発信すると、人材採用につながるよい導線がつくれるのではないだろうか。

日本経済はマクロレベルで見ると人手不足に陥っている。短尺動画はその解決の一助になることができるかもしれない。

第4章

職階と短尺動画を連携させた強力な教育システム

すし銚子丸

グルメ回転寿司の雄は店舗を劇場に見立てる

和食はいまや世界に誇る日本の重要な文化の一つと言っていいだろう。なかでも人気なのが寿司であり、世界中にファンを増やしている。その普及に一役買っているのが回転寿司という業態だ。

その先駆けとなったのは、1958年4月に大阪府東大阪市にオープンした「廻る元禄寿司」という店だ。寿司を載せた皿が回る店内のラインは、ビール工場の製造ラインで使われているベルトコンベアにヒントを得たもので、「旋回式食事台」と名付けられた。このアイデアによって「高級和食」の代名詞だった寿司が一挙に大衆化し、それから六十有余年が経った現在、回転寿司市場は7000億円を超える規模にまで拡大している。

有力各社がしのぎを削る回転寿司業界の一角に、「グルメ回転寿司」と呼ばれるチェーンがある。「立ち寿司」と呼ばれる従来型のカウンター主体の店と、一皿100円単位の大手回転寿司の中間に位置し、店に直接届く鮮魚を包丁でさばく職人技を目の前で堪能できる一方、回転寿司ならではのリーズナブルなサービスを享受できる。そのグルメ回転寿司の最大級のチェーンが、一都三県に83店舗（2022年5月現在）を展開する「すし銚子丸」で、2021年10月に短尺動画システムを導入している。

その名のとおり、同チェーンは千葉県の銚子港をはじめとして、世界中の海から仕入れた新鮮な寿司ネタを売り物とする。しかも、店舗を「劇場」に見立て、寿司を握る職人やスタッフを「劇団員」、レーンの中でお客様と直接相対する板前のリーダーを「座長」と名付けている。銚子丸一座というわけだ。職人が水槽から鮮魚をすくい、客の目の前でさばき、握っていくプロセスを、客と会話をしながら見せていく。銚子丸名物と銘打ってマグロ解体ショーといったイベントを開催することもある、エンターテインメント系グルメ回転寿司なのだ。

株式会社銚子丸（当時は前身である株式会社オール）が手掛けた回転寿司店の1号店は、千葉県浦安市の「回転寿司ＡＢＣ浦安店」であり、オープンは1987年。当時は普通の回転寿司だった。

その頃の回転寿司は〝安かろう、悪かろう〟で、使う魚はすべて冷凍ものだった。ただし、浦安店の店長と副店長は立ち寿司店出身の職人で、あるとき、ハマチを仕入れてみようかと生のハマチを入手してきた。そこからイワシやアジも鮮魚を使うようになり、穴子も自らさばいて調理するようになった。お客様からは存外好評だ。そこから、関アジ、関サバ、本マグロなど、高級寿司店でしか食べられない魚まで扱うようになる。

冷凍ものから鮮魚へネタを転換したことが回転寿司における大きな革新だとすれば、銚子丸が成し遂げた革新があと2つある。

ひとつはホワイトボード（現在はデジタルサイネージに変わっている）の活用だ。同店では味噌汁の無料サービスを行っていたが、それを入り口に掲げたホワイトボードに記していた。そこに余白があったので、「エンガワが入荷しています」などと、当日のおすすめのネタを書いたところ、飛ぶように売れた。そこから毎日、手書きのおすすめメニューを掲示するようになった。

もうひとつは先述したエンタメ性である。それまで魚は厨房でおろし、寿司ネタにした状態でレーンの中に移動させ、握るだけにしていた。あるとき、店内を活気づけるため

「いまから魚をおろします」とスタッフが大きな声で言いながら、レーンの中で魚をさばくようにしたところ、「その魚、握ってください」と言うお客様が続出した。おいしそうにさばかれた魚が目の前にあれば、誰でも食べたくなるものだ。それが発展してマグロ解体ショーなどにつながっていったのである。

製造業の場合、製造工程の工夫によって原価が下がったり、品質が安定したりすることはあっても、製品そのものが大きく変わることはまずない。

しかし、サービスは違う。

回転寿司ひとつとっても、現場の工夫によって魚が冷凍ものから鮮魚に変わり、味噌汁といった無料商品が供され、ホワイトボードの設置、調理工程のオープン化などのエンタメ性も加わる。その結果、**売り物となる商品そのものが大きく変わってきた**ということだ。

当然、その流れに乗れない店は淘汰されることになる。

通常5年かかる寿司職人の養成が1年で可能に

さて、そのグルメ回転寿司の雄、銚子丸の人気を支えているのが職人やスタッフの技やスキルであるが、かつてはそこに課題を抱えていた。

具体的に言うと、20年ほど前に入社した寿司職人が定年退職期を迎えたものの、魚のさばき方や寿司の握り方、卵焼きの焼き方といった**技の世代継承がなされていなかった**のだ。

もちろん、紙ベースでのマニュアルやレシピに近いものはあったが、しょせんは畳の上の水練で、実践が伴わなければ身につかない。後進を熱心に指導する職人もいなくはなかったが、営業時間外の特別な時間が必要になることと、人によって教える内容にバラツキが生じるという問題があった。

この問題を解決するため、銚子丸では短尺動画システムを入れる前から、別の動画マニュアルシステムを導入していた。撮影した動画をクラウド上にアップする点では同じ形式のものだ。

サービス業には〝秘伝のたれ〟に代表されるような、門外不出のノウハウがたくさんある。その一つひとつは難しいものではないが、数が膨大であり、かつ記録するツールが紙とペンでは難しい。そこに動画の出番がある。

サービス業におけるノウハウ、つまり暗黙知の社内流通は、生産性や品質向上のみならず、商品そのものの進化につながるため、製造業以上に重要といえる。ノウハウ流通の方向性には、店舗という空間を越えた共有と、後世への時間を超えた伝達という2つの局面がある。

さらに、ノウハウの共有は本部から店舗へという一方向だけでなく、店舗から本部へ、あるいは店舗から店舗へという多様な流れがありうる。銚子丸はまず店舗から本部への共有を目指した。

が、問題は解決しなかった。

「まず、動画が長すぎたんです。1本が10分くらいあったでしょうか。そのくらいの長さになると、視聴にはそれなりの時間と気構えが必要で、『見ておいて』とスタッフに言うと、『見るのは仕事ですか。仕事じゃないんですか』という不毛なやりとりが生じてしまった。

もうひとつ、動画の再生回数はわかりますが、誰が見たのか、誰が見ていないのかがわからないという問題もありました。銚子丸運営百科事典のようなものはできたのですが、宝の持ち腐れで、さっぱり使われませんでした」(常務取締役営業本部長、堀地元氏)

そこで、あらためて短尺動画システムが導入された。私たちは「**動画はできれば1分以内に**」と伝えた。200本ほどあった動画を見直して、あるものは分割し、あるものは廃棄し、あるものは新たに撮影しなおした。整理の結果、500本弱ほどになった。

たとえば、13分の長さがあった「寿司の握り方」を、シャリの扱い、ワサビの扱い、握り方、盛りつけ方、握りの流れといったように、5本に分割したところ、「見やすい」「よく理解できる」という声が寄せられたという。

動画は短いほどいいのは、人によって、できないポイントが異なるからだ。みんな、自分がうまくできないポイントだけを抽出して見たいはず。ツールのあり方は使う人目線で考えなければならない。

大手の回転寿司チェーンでは職人の姿が見えないが、銚子丸の店ではレーンの中にちゃんといる。しかも、「寿司職人」という言葉を大切に使っている。短尺動画システムの導入には、その寿司職人の早期育成という目的もあった。

「一人前の寿司職人になるには5年かかると言われますが、短尺動画システムを入れることで、早ければ1年ほどで育成できます。自分で再生速度を調整しながら、何度も視聴できるのがいい。

あの職人さんに握ってほしいからお店にやってきた、というお客様の声をもっといただきたい。魚をきちんと丁寧にさばける。ネタを規定どおりにしっかりと切れる。きれいな握りが手際よくできるなど、寿司職人の育成にはこだわっていきたい」（おもてなし部副部長、三浦正嗣氏）。

営業部エリアマネジャーも前座見習いからスタート

職人用の動画だけでなく、衛生関連の動画も用意されている。たとえば、勤務に入る前の手洗いのやり方を示したものだ。同社の衛生管理課がアップしたお手本動画に対し、スタッフは自らの手洗い動画を撮影し、投稿する。店長や本部のマネジャーがそれを見てお手本との違いなどをフィードバックしていたところ、**お手本を超える完璧な手洗いの動画を投稿したパート従業員が現われた**という。いまではそれが新しいお手本動画になっている。

こうした動画のやり取りでノウハウが社内に流通・蓄積されるだけでなく、スキルを持っている人にスポットライトが当たり、「スター誕生」となることもある。スターとなった人は、サービス業においてはお客様を惹きつける商品そのものを意味する。短尺動画を活用してＳＥＣＩモデルを回すことは、商品としてのサービスを進化させるプロセスそのもの、ということになるだろう。

同じようなスター誕生が、職人やホール係でも起きている。寿司の握り方、魚のさばき方がきれいで、大きさも完璧という職人がいる。お客様への笑顔が素敵なホール係がいる。その人たちの動画をアップしていくと、その技を超えるような動画が次々にアップされるという。動画のおかげで、銚子丸の現場では「**終わりなき切磋琢磨**」が行われているようだ。

なぜそんなことになっているのか。

人はただでは動かない。何らかの動機づけがいるはずだ。実は銚子丸では、動画を視聴し、その内容をマスターすればするほど、格付けと評価が上がる仕組みが整備されており、報い・認め・讃える文化を大切にしている。

具体的には、下から、①「**前座見習い**（経営理念をしっかり理解し、衛生作業や基本動作、基本作業をマスターしている）」、②「**前座**（応用的な作業やほかの持ち場での作業にも対応できる）」、③「**二つ目**（手本を示しながら、後進を指導できる）」、④「**真打**（二つ目以下に対し、手本を示しながら指導でき、なおかつすべての持ち場における、すべての作業をこなせる）」という、落語界をもじった4つの職階が設定されている。

すし銚子丸のSECIモデル

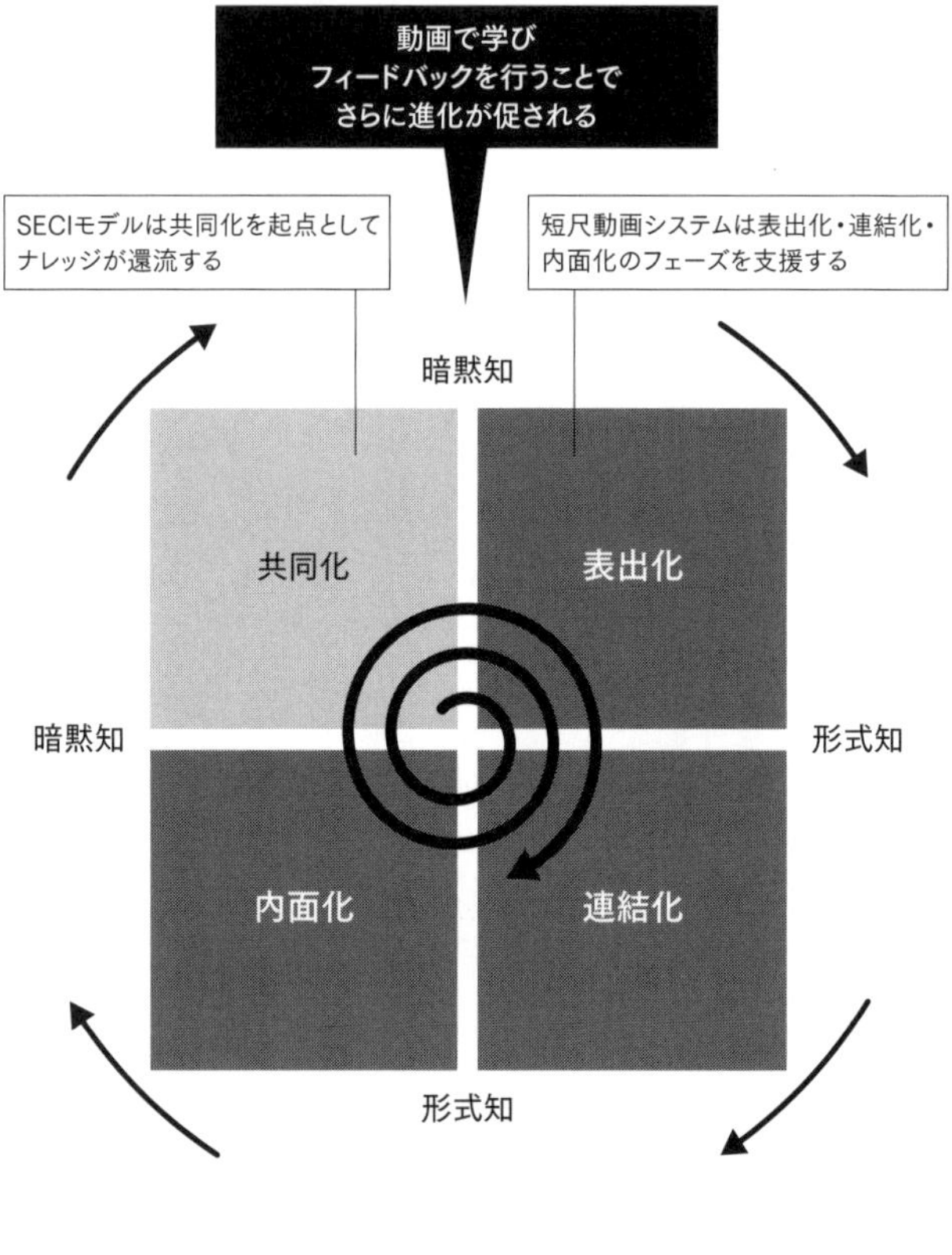
動画で学び
フィードバックを行うことで
さらに進化が促される
SECIモデルは共同化を起点として
ナレッジが還流する
短尺動画システムは表出化・連結化・
内面化のフェーズを支援する
暗黙知
共同化
表出化
暗黙知
形式知
内面化
連結化
形式知

動画の手本をまねたスタッフの投稿動画へのフィードバックに対し、手本を超えるような動画を投稿したパートが現われ、新たな手本動画になったという。

上の職階に行くためのクリア条件となる動画は、ホールや板場など持ち場ごとに異なる。たとえばホールでは、それぞれのランクで50本、計200本の動画が用意されている。また、キッチン、ホール、レーン（握り）、魚のおろしのポジション業務をすべて習得し、テストに合格すると、真打になって特製バッジをもらうことができる（全ポジションができなければ真打になれない）。

たとえば、前座見習いから前座に移行するテストでは、「お客様のお出迎えとご案内」が見本動画とともに出題される。自分の動きを仲間に撮影してもらい、投稿レポートとして提出すると、店長や本部スタッフからレビューとともに合否判定が返ってくる仕組みだ。

興味深いのは、この仕組みが現場のパートやアルバイトだけでなく、正社員にも適用されていること。営業部のマネジャーたちも「前座見習い」からスタートし、全員が「真打」の称号を獲得している。現場を変えるには、まず上から変わらなければならないというわけだ。

▲サーモンの切付
https://corp.clipline.com/choshimaru

ブラックボードの内容が次々にレベルアップ

短尺動画システムで使われる動画は、上が作って下が見るというものだけではない。各店からの自主的な投稿も行われるようになってきた。

各店の入り口近くには黒板（通称ブラックボード）があり、毎月のイベント商品を、イラストも使いながら、色鮮やかなチョークパステルでスタッフが手書きしている。そのボード面を撮影し、「うちではこんなふうに書いています」「マグロの絵がこんなにうまいスタッフがいます」と、各店が競って投稿するようになっている。

ブラックボードに何をどう書くかは、売上げに直結する貴重なノウハウである。他店のブラックボードを見て学び、それに負けじと工夫を凝らす。**個店に閉じていた知恵が、短尺動画システムを通じて他店に伝わる。**まさに知識創造が行われているのだ。

スタッフの評判も上々だという。最近オープンした新店では40名ほどのホールスタッフを採用し、最初から短尺動画システムを使ってもらった。実務に入って3週間後に感想を聞いたところ、「実務の予習と復習になる」「すき間時間に視聴できるし、短いので負担にならない」「自分の仕事の振り返りができる」「自分の動きを投稿し、上の人がフィードバックしてくれる仕組みがいい」「評価制度とリンクしており、頑張ろうという気持ちになった」といったものだった。

銚子丸に限った話ではないが、外食産業はスタッフの離職が多いという問題を常に抱えている。こうした声は、離職率の低下という課題を解決するうえでも動画が役立つ可能性を示している。

経営論の視点から 4

分析協力：入山章栄　早稲田大学大学院経営管理研究科教授

オペレーションから見た寿司業界の進化

寿司の板前の育成には10年かかるというのが長い間の定説だった。しかし、マーケットの変化やテクノロジーの発達に伴い、職人を育成する方法や期間に大きな変化が出てきている。たとえば、いわゆる「すしアカデミー」のような教育機関で1年学べば現場に立てるなどという説が出てくるほど職人の技術は汎用化され、専門性の高い教材やデジタル技術を駆使すれば効率的に習得できる環境になった。

寿司業界を俯瞰して、あらためて寿司の歴史をさかのぼってみると、現在のような酢飯でつくる握り寿司が食べられるようになったのは江戸時代だ。まさに一人前になるのに10年かかるという職人技の世界で、立ち寿司と言われる、客の目の前で寿司を握るスタイルが元祖である。

立ち寿司は客単価が高く取れるものの、労働集約型でレバレッジが効かない。職人の育成には時間がかかるが、その割に作り手によって商品の出来栄えや提供スピードにバラツキがある。食材は生もので供給が安定せず、価格は時価になり、顧客の入りも読めないから、産業としてはスケールアップしにくい。

その中で飛躍的に寿司の市場を拡大するきっかけとなったのが回転寿司だ。前述のとおり、廻る元禄寿司が1958年に導入したことから始まる。創業経営者の白石義明氏が、ビール製造のベルトコンベアから着想を得たものだ。

なぜベルトコンベアの導入が産業として飛躍するきっかけになったのか。

当時の立ち寿司では接客しながら寿司を握るのが普通だったが、実はこれはかなり難易度が高い。

顧客の話に耳を傾け、反応をうかがいながらもっともらしい話をして、手元では顧客の好みやこれまで食べたものと照らし合わせながらネタを選び、ネタに合わせてシャリの大きさを変え、寿司を握る必要があった。寿司に関する技術や知識だけでなく、客と対話できる知識やコミュニケーション能力が必要になる。接客と調理を同時にやるとなれば、相当の修行が必要になるのは当然だろう。

ところが、ベルトコンベアが導入されたことで板前の仕事が分業化されることになった。まず、「握る技術」が板前から切り離され、寿司だけ握るスタッフやシャリロボットが登場した。そして、ベルトにはいつでも何かしらの寿司が流れているから、立ち寿司では当然のように対応していた客の食事のペースに合わせて寿司を提供する必要もなくなった（コロナ禍を機に銚子丸はフルオーダー制に切り替えており、現在はベルトの上に寿司が流れている状態にはほぼなっていない）。

つまり、板前にあたる役割の難易度が下がったのである。そうすると、熟練した技術は必要ないから短期間で多くの人材を集められるようになり、駅前のアクセスのいい場所に大型店舗を出すという出店攻勢をかけることが可能になる。立ち寿司よりも明朗会計なうえ、回転が速いから鮮度のいいネタを提供できる。こうしたことで回転寿司は人気を博し、いっきにシェアを増やしたのである。

回転寿司の世界では、もう一回イノベーションが起きる。象徴とも言えるベルトコンベアだが、それまでの主力は「O型レーン」と言われる、職人が中央に立つ形のレーンだった。

ところが、1987年にくら寿司が初めて「E型レーン」を導入したのだ。Eの字の真ん中の横棒は厨房に続いており、両脇にボックス席が並ぶ形になっている。これにより、客席と調理場がはっきり二手に分かれ、調理場は完全に客の目から隠されることになった。

E型はO型よりもボックス席を多く確保できるため、ファミリー客を取り込むことができ、回転寿司は外食マーケットの中心的存在に躍り出ることとなった。

そうして郊外の大型店を中心に規模を拡大した回転寿司の市場規模は、2021年時点で6700億円（すし業界全体では1・5兆円）となった。「100円寿司」と言われる客単価1000円程度の業態が最大数を占め、縦を客単価、横を客数としたピラミッドの最下部に位置している。その上には銚子丸を代表とする「グルメ寿司」業態があり、そのさらに上にはベルトを使わない「立ち寿司」業態が位置する。

感情労働が価値を持つ銚子丸の価格帯

このようにミドルレンジに立つ銚子丸は、100円という低価格で勝負はしないし、立ち寿司のようにミシュランの星を取ることも目指さない。お客様には100円寿司よりも少しだけ多く支払ってもらう代わりに、腕も愛想もいい職人たちの歓迎を受けながら、新鮮な寿司やできたての卵焼きに舌鼓を打って、家族や身近な人たちと楽しんでもらうのがあるべき姿だ。

銚子丸では、E型レーンの裏でシャリロボットがひたすら寿司を作っているわけではなく、顧客から見えるところに職人がいて、もてなしを受けることができる。客単価は3000円程度だから、100円寿司よりも良いサービスを提供しないといけない。単なる寿司の作り方という作業レベルのものだけではなく、顧客対応が非常に重要になるのだ。つまり、**「劇場型経営」や職人による「感情労働」は理にかなっている**といえる。

こういった市場の話では往々にして高単価と低単価に二極化するという議論が起こるが、寿司をはじめとする外食業界はそうはならないと考えている。

厚生労働省の2022年の調査によると、年収1千万円以上世帯が10%程度であるのに対し、100万円以上400万円未満と400万円以上1千万円未満がそれぞれ40%程度で、ボリュームゾーンを形成している。

中間所得層がこれだけいるのに、寿司を食べたいときのチョイスが1人当たり1000円か、1万円の店しか選べないという状況だったとしたら、かなり残念だ。

普段は100円寿司だがたまには少し背伸びをしていいものを食べたい、でも1万円は出したくないという人もいるだろうし、自分ひとりなら1万円の寿司を食べることもあるが、家族連れのときは全員で1万円におさえたい、という予算の立て方もあるだろう。

これはいわゆるVFM（バリュー・フォー・マネー）の話で、価格帯によらず、支払う金額以上の品質で商品やサービスを提供できればビジネスは成立する。価格帯がミドルレンジに位置するとポジショニングが難しくなる場合があるというだけだ。

前述のとおり、銚子丸の場合は職人の育成に注力することで劇場型経営を可能にし、設備やしつらえ作りにではなく、食材や従業員に投資するという選択をして差別化に成功している。

銚子丸が出店すると、近隣にある立ち寿司店の需要を奪ってしまい、閉店に至ることもあるという。そして、閉店した立ち寿司店の従業員が銚子丸で働くこともままあるようだが、同一人物の提供スピードが立ち寿司店のころより3倍ぐらい速くなるということが珍しくない。

その立ち寿司店が銚子丸と同じような品質の寿司を提供していたとしても、客単価が2倍近いこともあり、数量をかせぐために早く出す必要がなかったからである。このような職人の再育成にも動画を使った教育が有効なのは言うまでもない。

寿司という同じ業界の中でも、ビジネスの構造に合わせて従業員のスキルや作業を規格化する必要が出てくる。10年修行せずに寿司屋で働けるようにはなったかもしれないが、人材不足のいま、一人ひとりの価値を最大化させるために、個々の暗黙知を形式知化し、各自にインストールしていく必要性はますます高まっているだろう。

感情労働の時代に動画は重宝される

銚子丸のある店長は、短尺動画システムを使うと、帝国海軍を率いた山本五十六の言葉、「やってみせ、言って聞かせて、させてみて、ほめてやらねば、人は動かじ」のうち、「やってみせ」が省略でき、すぐに指導に入れて助かっていると言う。一方のスタッフ側は、「こちらが投稿した実践動画に対し、上長が書き込むコメントが励みになる」と話してくれた。

銚子丸において店は劇団であるから、寿司を握り、お客様に提供する板前はトップ（劇団長たる店長）に次ぐほどの重要な役割を担っている。寿司を握る技術がいくら確かでも、無口で不愛想ではとうてい勤まらない。その板前の笑顔をより良いものにするために、静止画によるテストがある。

口角をきちんと上げてニッコリと、という見本の静止画に対して板前全員が、自分が微笑んでいる写真を撮影して投稿する。それに対して、上長がコメントを付すなどのレビューを行う。

「この話を聞いて、真っ先に、高級クラブなどの接客サービスで重宝されるのではないか、と考えました」と言うのは早稲田大学大学院経営管理研究科教授の入山章栄氏である。「クラブでは指名料制がとられており、一定以上になると給料も自由競争になります。その前段階、つまり最低限の接客スキルの底上げという意味で、大いに使えると思いました」

現在は時代の大きな転換点にあると入山氏は考えている。人類は、長く肉体労働の時代を生きてきたが、19世紀の産業革命をきっかけとした機械の登場によってそれが終わりを告げ、20世紀には頭脳労働の時代に移行した。現在はその頭脳労働の時代が終わりを告げつつあるというのだ。

「ChatGPTに代表される対話型の生成AIが出てきたからです。現在はまだ進化の途上にありますが、もう少し賢くなれば、人間の頭脳労働を代替する存在になりえます。頭脳労働の多くがAIによって代替されると、感情労働の時代がやってくると私は考えています。

笑顔に代表される人間の表情は、感情労働の最たるものと言えるでしょう。表情は英語や数学にまさる最高のプロトコル（約束事）です。われわれ日本人が得意としない、表情を使ったコミュニケーションを高度化させるという意味で、短尺動画システムは大きく貢献できるでしょう」

第5章

暗黙知ばかりの業界でSECIモデルを回す

きずなホールディングス

家族葬がメインの潮流となった葬儀市場

高齢化率約30％と、世界一の水準を更新し続ける日本。高齢者が増えるということは、一方で、亡くなる人の数も増えるということだ。日本の死亡者数は2022年で年間157万人だが、これが2040年には170万人まで増えるとされている。当然ながら葬儀の数が増えるわけで、葬儀業界もそこまでは規模を拡大していくことが確実視されている。

その葬儀の傾向が、以前とは大きく変わった。葬儀自体における参列者数の減少である。その背景には平均寿命の延びと少子化がある。

ひと昔前に60代半ばで死去した場合、現役引退から間もないので職場関係や故人の知人の多くが存命中で、当然、参列者が増える。あるいは兄弟の数が多かった時代は、その配偶者や子供を筆頭に親戚も多くなり、必然的に参列者が増える。これが現在、90代で死去すると、現役時代の知人は残り少なくなっている。兄弟の数も前ほどでないとすれば、参列者も少なくなる。

そうした時代背景で増えているのが、世間に告知を行い、参列者を広く募る一般葬に対し、告知を行わず、限られた親族や知人だけで故人を見送る家族葬というやり方だ。

その傾向は徐々に強まってきていたが、コロナ禍が多数の人の集りを抑制したため、さらに促進された。現在は、一般葬より家族葬のほうがメインの潮流になっているという。

「SECIモデルを回す」ことを意図して短尺動画システムを導入

その家族葬のパイオニアとして知られるのが、東京に本社があり、2020年3月に東京証券取引所マザーズ市場へ上場（22年にグロース市場へ移行）した、きずなホールディングスである。

「お葬式を家族のものに。」というコンセプトのもと、『家族葬のファミーユ』というブランドで、直営の「1日1組貸切の家族葬ホール」を全国144カ所（2024年3月末時点）で運営している。

短尺動画システムの導入は2022年6月。リクルート出身で、2019年に同社の経営に参画した取締役兼CSO（最高戦略責任者）の岡崎仁美氏がその意図を語る。

「**葬儀業界は素人が現場に入るのが難しい。**一般的によく用いられる新人の営業同行のような学習が実施しづらい環境にあります。特に当社は『お葬式を家族のものに。』を掲げていますからマニュアルに沿った業務遂行もフィットせず、組織学習のためのひと工夫が必要だと直感しました」

当時の同社は、現場の模範事例を組織で共有し横展開していくリクルートとは真逆の世界だったわけだ。

「でもそうだとしたら、そこをブレイクスルーすれば他社と圧倒的に差別化できると考えたのです。リクルート時代、野中一門の先生による研修を受けるなど、SECIモデルに触れる機会が頻繁にありました。『SECIモデルをサービス業に』というクリップラインの挑戦的なメッセージに強く共感し、短尺動画システムの導入を決めました」

岡崎氏によれば、**葬儀業界ではSECIモデルにおける最初のステップ、暗黙知の共同化すら難しい。**

「現場では模擬葬儀という学習手法もあります。しかし、需要そのものをコントロールできないのが葬祭業。模擬葬儀の研修を予定していても、実際のご葬儀の依頼があればそちらが優先されます。

また、365日稼働の業種柄、社員は交代で休みを取るので、全員が一斉に集合して学ぶ機会も設定しづらい。でも、その中身を短尺動画に収めれば、好きな時間に、自分の見たい箇所だけ何度でも視聴できる。これで共同化が進むのでは？　とピンときたのです」

ご家族様に不安を与えない説明とは

同社における動画活用の担当となっているのがCS推進チームであり、毎週月曜日には新たな動画をアップしている。その内容は、葬儀を取り仕切るディレクターとしての心構えや基本所作から、敬語の使い方、ご家族様が来館された際の接遇法、グリーフ（悲嘆）・ケアの実際、葬祭基礎研修の一環として葬儀の背後にある宗教や宗派についての学び、といったものまでさまざまだ。

その中でも**「悪い例」「良い例」を動画で解説したコンテンツがよく視聴されている**という。

たとえば、通夜が終わり、故人との最後の夜をそのホールで過ごす家族にスタッフがかける言葉の例である。

悪い例では、「今日はけっこう参列者が来てしまいましたね。今晩はこちらでお休みください。私はこのへんで失礼します」とそっけない。それに対し、家族の一人が「ここには私たちのほかには、誰もいなくなるのですか」と心配そうにたずねるが、スタッフはその不安をやわらげようともせず、「はい、そうなんです。ではこのへんで失礼します」と同じ言葉を繰り返すだけ。

その後、画面が切り替わり、「ご家族様に不安を与えてはいけません。そのためには、

①自宅のように使用してもらう、②翌日の来館時間、③連絡先が重要」という説明が入り、それらを体現した良い例が示される。

すなわち、「今日はお疲れさまでした。こちらで故人様との最後の夜をごゆっくりお過ごしください。私は明日の朝8時にまいります。何かありましたらこちらの連絡先にお願いします（と名刺を渡す）」

現場のニーズも汲み取って動画にしている。

2020年から猛威を奮ったコロナ禍は、人々の生活様式を激変させ、コミュニケーションのあり方にも大きな影響をもたらした。

同社においても、接客の際に特別な配慮が必要になったのである。当時の様子についてCS推進部部長の瀬戸隆史氏が話す。

「短尺動画システムの満足度調査をしたところ、ある社員から、『コロナ禍の中、マスクをしながらご家族様とコミュニケーションをとるのが難しい』という意見が出てきました。そこでチーム内で検討し、『マスクごしのコミュニケーション方法』という動画を急きょ作って発信しました。

マスクの中は相手からは見えないけれど口角を上げたほうがいい、相手から見える目の表現や視線の向け方に気を使いましょう、ジェスチャーも大切になります、といった内容です。この動画は非常に好評でした。本部で作ったものをただ流すだけではなく、現場のニーズを拾い、解決策を動画に落とし込んでいくことで、その重要性を学ぶことができました」

ご家族様はファーストネームで呼ぼう

導入後に注力しているのが、喪主だけではなく家族にも配慮し、その関係性を向上させるための動画だ。

たとえば、「ご家族様はファーストネームで呼ぼう」というもの。

「葬儀が終わったご家族様のお宅に、担当ディレクターと取材にうかがったことがあったんです。驚いたのは、そのスタッフが家族全員と仲がよいことでした。喪主様と親密な関係を築くスタッフはいくらでもいますが、ほかのご家族とは挨拶をする程度なのが普通です。あとでそのスタッフに聞いたところ、最初に出会ったときにご家族のみなさんにきちんと自己紹介をして名刺を渡し、全員の名前を覚えたそうです。そして、お孫さんに対しても〝〇〇ちゃん〟と、親しみの気持ちを込めてファーストネームで呼ぶことを心がけていたのです。

これはすごく良い試みだと思い、動画にしたところ、多くの社員が興味を持って視聴してくれました」（瀬戸氏）

葬儀の仕方は地方によって慣習が異なる。たとえば、北海道の一部では雪の影響で時間どおりに遂行するのが難しいため、日にちを含め、火葬場の予約というものがない。九州では通夜が死去当日に行われることがある、といった具合だ。

「そうした地域差があるなかで、1つの動画で正しいやり方を表現するのは難しいところですが、いまのところはあまり重視していません。それにこだわるとテクニックの話になってしまい、本末転倒になるからです。そうではなく、ご家族様に寄り添うという全国共

通のわれわれの基本サービス姿勢を体現するためのコンテンツづくりに力を入れています」（瀬戸氏）

動画がサービス品質のモノサシに

短尺動画システムを導入してまだ日は浅いが、肝心のＳＥＣＩモデルはどのくらい回り始めているのだろうか。

「短尺動画システムが入ったおかげで、暗黙知の共有という共同化と、暗黙知の形式知化という表出化は実行されつつあるのではないでしょうか。内容によっては、形式知同士が結び付く連結化まで進んでいるとも感じます」（岡崎氏）

ビフォー・アフターについて瀬戸氏が語る。

きずなホールディングスの SECIモデル

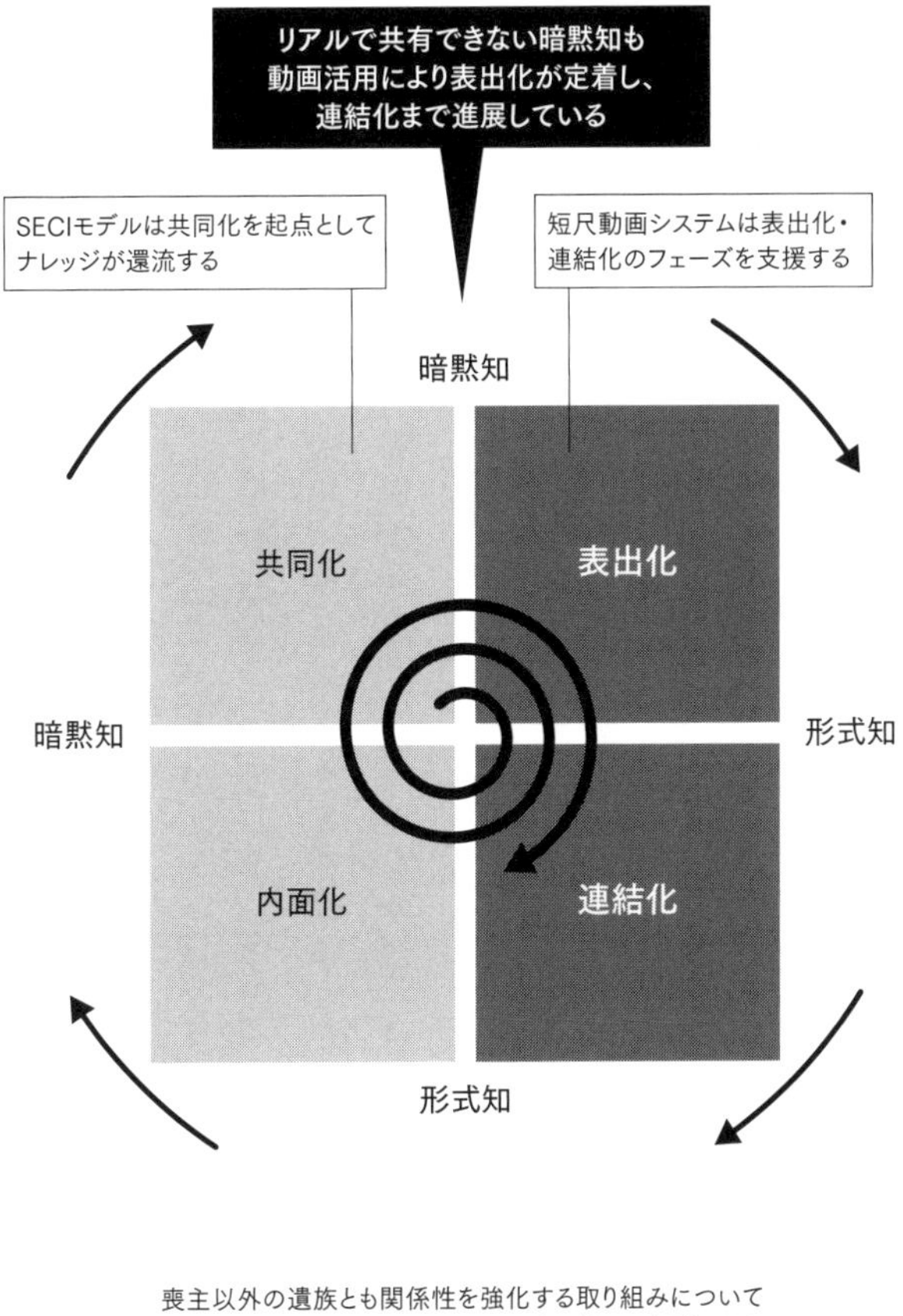

リアルで共有できない暗黙知も
動画活用により表出化が定着し、
連結化まで進展している
SECIモデルは共同化を起点として
ナレッジが還流する
短尺動画システムは表出化・
連結化のフェーズを支援する
暗黙知
共同化
表出化
暗黙知
形式知
内面化
連結化
形式知

喪主以外の遺族とも関係性を強化する取り組みについて動画にしたところ、多くの社員が興味を持って視聴したという。

「**動画そのものが当社のサービス品質のスタンダード**を明示する、いわばモノサシになってきました。活用されている動画は90本ほど（取材当時の数で、現在は150本ほどに増えている）。マニュアルなしの世界から、サービス品質のスタンダードができ始めている。そこはやはり大きいでしょう。

この業界は、見て覚えろという職人芸の世界で、先輩によって指導の仕方が異なることもままありました。新人などの学ぶ側はそこにストレスを覚えましたし、教える側もそれを指摘されて教えにくくなるという葛藤があった。モノサシが確立されたことで、双方の抱えるジレンマが解消されました」（瀬戸氏）

コロナ禍を契機とした葬儀の家族葬シフトは、同業他社の戦略シフトを大いに促し、一般葬メインだった葬祭事業者も軒並み家族葬に着手している。同社の専売特許とも言える「1日1組貸切の家族葬ホール」を追随して設営する事業者も増え、競争は激化するいっぽうだ。それでも同社は「家族葬」を追求し、市場シェアと出店エリア双方の拡大を目指し続ける。

「この3年で、比較的変化が遅いとされていた葬祭業界もすっかり様変わりしました。家

族葬ホールはめずらしくなくなり、もはやハードだけで差別化できる時代ではありません」（岡崎氏）

葬儀の喪主や施主は、悲しみのどん底でお見送りの儀式である葬儀を執り行うが、そのプロセスを通じて故人との関係を見つめ直したり、見送る者同士でともに過去の記憶をたどったり、参列者の言葉から知らなかった故人の一面に触れたりして、故人のいない新たな日々を生きていく勇気のようなものを獲得するという。

「当社の現場スタッフは、そうしたお客様の体験をより価値あるものにするべく、日夜いそしんでいます。彼らの創意工夫をその場限りの一過的なもので終わらせず、きちんと積み上げていきたい。そのために短尺動画システムを大いに活用してSECIモデルを着実に回し、新しい知恵や知識の輪をグループの隅々にまで広げていきたいと思っています」（岡崎氏）

（事例は2022年10月取材時点の内容に基づく）

経営論の視点から 5

分析協力：入山章栄　早稲田大学大学院経営管理研究科教授

業界の趨勢とは別の道を行くクチコミ戦略の展開

冠婚葬祭業は特殊な産業だが、特に経営という側面から見たときに、きずなホールディングス（事業ブランド名：家族葬のファミーユ）が属する葬儀業はかなり特異なサービスだといえる。特に2つの点からその特徴を見ることができると思うが、まず挙げられるのはマーケティングの難しさだろう。

つまり、事前に予測ができないから「予約」を取ることができない。また、人が亡くなることは歓迎せざる出来事であり、人為的に発生させることもできないから「予約特典」のような**一般的な販促手法が使えない。**

さらに、リピーターをつくりたくても、予約と同じ理由でその機会を増やすこと自体がはばかられるから、直接的な勧誘やアプローチができない。たとえ購買履歴のようなデータや個人情報を持っていたとしても、**ダイレクトマーケティングを行うこと**

がきわめて難しいのである。

ゆえに、認知度や想起率を向上させるための一般的な広告出稿や、知人・過去の顧客の紹介頼みでの集客になりがちである。

早稲田大学大学院経営管理研究科教授の入山章栄氏はこう指摘する。

「葬儀業の難しさは、顧客にとっては、その必要性が直前まで判明しないという点にあります。同じ冠婚葬祭でも、実施日はもちろん、式の内容をあらかじめ細かく詰めることができる結婚式とはまったく違う。その必要性を感じたときに、ここに頼もうと真っ先に想起してもらうのに大切なことは、通常は知名度であり、それは大量の広告を打つことによって可能になるものと考えられがちです。

ところが、きずなホールディングスはそうは考えない。葬儀の質の向上やリピーター育成策といった、地道なクチコミ戦略を重視しているわけです。そのためのツールとして、短尺動画システムはうってつけだと思います」

つまり、地域密着型であるとともに、事業の性格上、必要とされる知識やノウハウが外に出にくいという意味で、ブラックボックス化しやすい業態なのだ。そうしたブラックボックス化した状況を改めるために、短尺動画システムが導入されたというわけだ。

情報の非対称性を源とする成功要因の抽出の難しさ

二つ目は、**発注者と葬儀社の間で情報の非対称性が大きい**ことだ。

ほとんどの人は人生において葬儀を経験する回数が限られており、喪主の経験など多くても片手以内であろうし、事前に知識を得ておく機会もほとんどない。悲しみに暮れるなか、わからないことだらけの状況で葬儀を出さなければならず、故人の名誉を汚すことはできないから失敗も許されない。

結果、一から十まで葬儀社の言うとおりに動き、なんとか失敗のないようにやり過ごす、というのが一般的ではないだろうか。顧客の経験値が低いため、多少の不首尾があっても顧客満足度は上振れしやすい、という特徴もある。

一方、葬儀社の観点から言うと、顧客主導で寄り添ってサポートするのが難しく、葬儀社がリードせざるをえない部分が多々ある。にもかかわらず失敗は許されない業界である。特に一般葬の場合は弔問客の目があるから、傍目に見て落ち度のない葬儀にすることが強く求められた。

しかし、コロナ禍を経て**葬儀のスタンダードは一般葬から家族葬へ大きくシフトした**。家族葬では外部の目を意識する必要はなく、家族との関係性や、故人が何を大事にしていたか、といったことが葬儀においてより重要になる。**家族が満足できることに主眼が置かれるため、より「正解」を見つけにくくなった**のである。

さらに、故人の信仰や宗教による作法の違いなども考慮に入れると無数の組み合わせが考えられ、ますます正しさの基準があいまいになる。結果指標があいまいなのだから、当然プロセスもあいまいになり、暗黙知の形式知化も難しい。

さらに、新人研修をはじめ全員が参加して研修を実施することが困難なため、現場で要求される知識やノウハウが後進に伝わりにくい、という事情もある。こうして考えると、「理想的な葬儀」そのものには無限に近く成功パターンがあるように思える。

とはいえ、それはあくまでＨＯＷの話であり、喪主や家族に満足してもらうための根本的な原理原則は「型」にすることは可能だろう。

原理原則を型にするためには多くの事例が必要で、場数を踏んで適切にフィードバックをもらい、それを新たな現場で活かせる人材がいちばん活躍できることになる。経験できるリアルな場数は人によって異なるが、動画で〝葬儀のリアル〟を再現すれば、全員に対して100本ノックを行うことも可能になるのではないか。

このように、現実世界ではとても成しえないような人材の育成方法を可能にするのも、動画の大きな機能だといえる。

第6章

難易度の高い繊細な販売スキルを「見える化」する

IDOM（イドム）

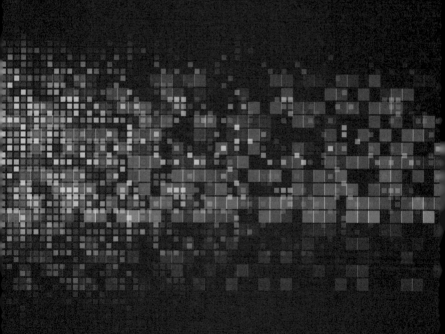

同じ商品が1つとしてない中古車販売の難しさを乗り越える

お客様と直接向き合う仕事はたくさんある。自社製品やサービスの魅力を伝え、購入につなげる営業もその代表格だ。たとえば飲食業などの現場では学生や主婦が活躍するのに対し、正社員が当たるケースが多いのが営業職の特徴といえる。

中古車の販売と買い取りを行うガリバーブランドを主軸として全国に445店舗（2022年2月決算時点）を展開しているのが、中古車業界の雄、IDOM（イドム）である。その山陰・山口事業部が、2019年8月から事業部下の13店舗で、営業職に対し販売ノウハウを伝える教育ツールとして動画を活用し、成果を上げている。

その様子を紹介する前に、まず、中古車販売という仕事の性格を説明しよう。

中古車販売は、新車販売と比べて難易度が高い。何より車種の数が膨大だ。メーカーもさまざまであり、輸入車も含めると何万車種にものぼるだろう。新車の場合は自社の車のみが商材であり、車種が限られるばかりか、いずれも現に生産が行われている車なので、さらに数が絞られる。一方、中古車は年式や走行距離、状態などが千差万別で、1台ごとに個性が異なる。

つまり、中古車は同じものが1つとしてない、一品ものなのだ。それを販売するには、どんな車をどの程度の価格で欲しいのか、お客様のニーズを敏感に察知し、これがダメならあちらはどうでしょう、と次々に提案していかなければならない。お客様のニーズと自社の在庫車を理解したうえで、両者を結び付けるマッチング力がきわめて大きなポイントとなる。

これはIDOMの担当者が言っていたことだが、お客様が「この車種、この年式のものが買いたい」と心に決めて来店しても、営業マンが事細かに要望を聞くと、別のもっと安価な車で十分にニーズを満たせることがわかる。実際、営業マンから提案された車を購入したお客様が、満足し、感謝される例がよくあるそうだ。

このことからもわかるように、**車が売れるか売れないか、お客様が満足するかしないかに関して、大きなカギを握るのが営業マンのスキル**なのだ。

販売力を3つの要素に分解する

短尺動画システムの導入前は、そうしたスキルをどう育成していたのだろうか。

おもな手段は営業マン同士でロールプレイングを繰り返して改善点を指摘しあうことと、後輩が先輩の横につく同席営業を行うことだった。しかしそれでは、これはA店長流、これはB店長流というように、指導役のやり方が色濃く反映されてしまい、社内に流派が生まれるという欠点があった。

これでは、すべての営業マンが習得すべき「型」として社内に広まらないし、蓄積もされない。そこで商談の「型」を作るところから取り掛かった。

まず、営業の誰もが身につけるべき販売力を、**「①顧客理解」「②自社理解」「③顧客のニーズと商材のマッチング」**という3つの要素に分解した。

まずは「①顧客理解」。お客様が車に求める条件やその理由などを十分に把握する必要がある。

二つ目は「②自社理解」だ。在庫として持っている中古車と保険などの付帯サービスに関し、幅広い知識を持っていなければならない。

最後は文字通り、「③顧客のニーズと商材をうまくマッチングさせる」ことだ。


そして、それぞれのテーマに即した短尺動画を作り、活用した。

具体的には、お手本としてアップロードされた動画を視聴し、それをまねして自分でもやってみて、その様子を動画にして投稿する。

その動画に対して先輩のベテラン営業マンが、「いいね！」を付けたり、「ここはこうしたらいい」「このポイントを聞けるともっといい」といったコメントをしてフィードバックする。

自社の特長を短尺動画に

興味深いのは、営業マン全員に動画投稿が義務づけられ、しかも投稿動画を誰もが視聴できるので、**優秀な営業マンの動画再生回数がどんどん増えていく**ことだ。みんなその動画から販売スキルを学びたいのだ。「このフレーズは私にも使える」「この事例は面白いから、お客様に刺さりそうだ。まねして今度使ってみよう」というわけである。

本部が最初に作ったお手本動画は1本なのだが、いつのまにかそれ以外の動画もお手本に成長していくのである。

動画の内容をいくつか紹介しよう。

商談が始まるとお客様から購入条件をうかがうことになるが、それだけでピッタリの車が見つかることは少ない。お客様のライフスタイルの中で車がどんな役割を果たしているのかを、営業マンがどれだけ詳細にイメージができるか、そのために必要な情報をいかにお客様に負担をかけずに集められるか、①顧客理解が重要になる。そのやり取りを動画に収めている。

また、お客様が購入検討のどの段階にあるのかを推測することも大事だ。「もう少し検討したい」と言われたときに、購入を迷っているのはなぜか、何が気になっているのかなどと、お客様の心情を想像する力といった、ベテラン営業マンが身につけているスキルを、動画を見ることで学べる。

②自社理解ということでは、「競合他社との比較」をテーマにした動画がある。

そこでは、実際の営業マンが競合の長所を認めつつ、自社で購入することによって長期的にはお客様にメリットが生じることを伝える。

具体的には、在庫車に買取査定で培った目利き力が活かされていることや、長期保証や定期メンテナンス、保険の提案を含むアフターサービスまで充実したサポートが用意されていること、また、全国に店舗があるので購入後に引っ越しをしても、外出先でトラブルが起きても、安心して相談できることなど、お客様が安心安全で豊かなカーライフを送れることを丁寧に伝える。

競合の良さを認めつつ自社の強みを伝える話法で、他社の欠点をあげつらうより、よほど耳に入りやすい。ライバルとの比較で、自社への理解を深める商談技術の動画なのだ。

③顧客のニーズと商材のマッチングについては、お客様の仮想ペルソナ（具体的なユーザー像）を提示したお題をシート1枚にまとめて配付し、期日までに、そのお客様にどんな車を提案するかを、その理由とともに語る動画を営業マン各自にアップしてもらった。

たとえば、「45歳の男性で、年収６００万円、職業は地方公務員、家族は妻と小学生の子供が２人で、ほかに大型犬を1頭飼っている。このお客様が来店したら、どの車を提案しますか」といった具合だ。

これに対し、「私はこの車をおすすめする。その理由はこうだ」という動画を投稿する。

そうやって投稿されたほかの人の動画を見て、「そういう切り口があったのか」「そんな提案を私もやってみよう」と、各人各様の提案方法から学び合うのだ。

▲販売ロープレ
https://corp.clipline.com/idom

動画の活用で販売台数も粗利額もアップ

このトレーニングを実施した約1か月後に行ったアンケート調査によれば、7割以上の営業マンがその効果を感じていた。「トップ営業マンの商談が聞けた」「提案のポイントがわかった」「自分でやってみて、商談の技が身につき、自信がついた」「引き出しが増えた」という感想があったそうだ。

自分に動画用のカメラを向ける（あるいは他者に撮影してもらう）ことには、強力な学習効果がある。一般的な集合研修において、講師が何かを一通り教えた後、受講生の数人を指名して前に出てもらい、教えたことを実際にやらせることがよくある。選ばれた人は緊張するが、みんなの前で実践してみるわけだから、結果的に学びの効果が大きくなる。カメラによる自己動画の撮影も、それと同じくらいの効果があるのだ。

ＩＤＯＭの山陰・山口事業部が動画を教育ツールとして採用したのには、次のような理

IDOMのSECIモデル

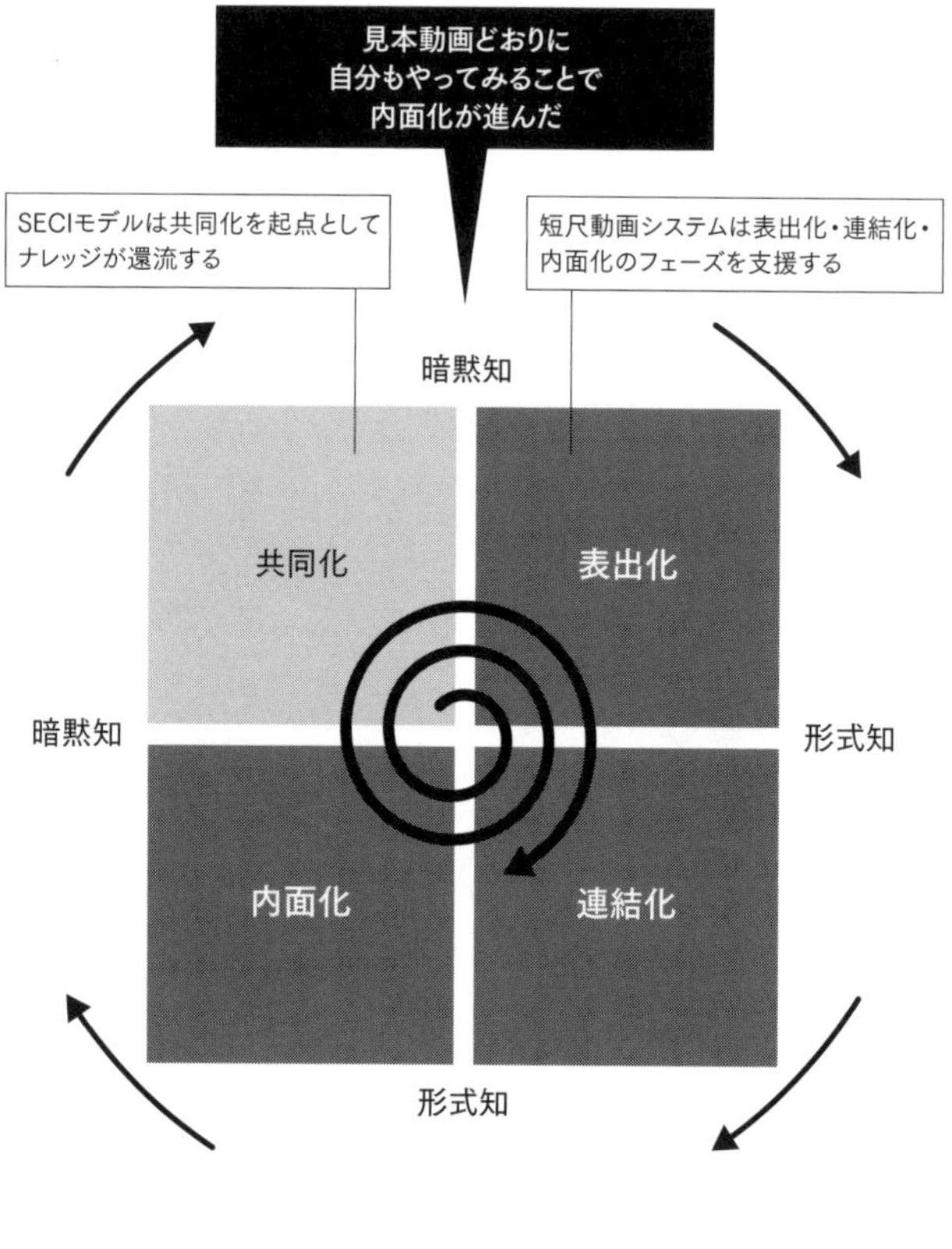

見本動画どおりに
自分もやってみることで
内面化が進んだ
SECIモデルは共同化を起点として
ナレッジが還流する
短尺動画システムは表出化・連結化・
内面化のフェーズを支援する
暗黙知
共同化
表出化
暗黙知
形式知
内面化
連結化
形式知

想定する顧客は同じなのに提案のスタイルや内容は各人各様だ。トップ営業の動画を視聴し、まねてみることで各人の内面化が進む。

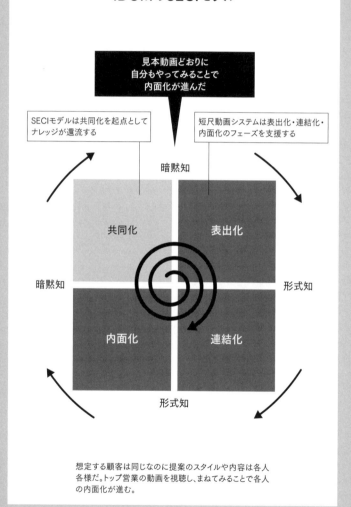

由があった。2019年8月当時、同事業部の社員は入社3年目までの若手が大多数を占めていた。ベテランが少なかったのだ。その結果として、個人売上げが上位の社員で、事業部全体の売上げおよび粗利の大半を稼ぎ出していた。

もちろん、ほかのメンバーも日々仕事に精を出しているのだが、その頑張りが成果につながっていなかった。

入社3年目までの若手をいかに育てて一人前にするか、が大きな課題だった。そこで、優秀な営業マンの商談に関するノウハウを短尺動画という形で「見える化」し、事業部全体に浸透させようと上層部が考えた。

その効果はてきめんだった。短尺動画を使ったトレーニングの対象になったのは販売成績が中位と下位の層だが（上位層は動画に出演したり、投稿された動画にコメントを付ける役を担ったりした）、販売台数に関しては中位層が136％、下位層が193％、それぞれ伸びた（トレーニング実施前の2019年5月から10月の成績と、実施後の19年11月から20年3月の成績を比較した。以下同）。

粗利額に関しても伸びが見られ、中位層が130％、下位層で239％と、それぞれ大きく改善されたのである。

実は、２０１９年10月から消費税が８％から10％に引き上げられており、消費全般、特に車のような高額商品の販売には強い向かい風が吹いていたはずなのに、顕著な効果が見られたのである。

さらに、新人社員（新卒入社もしくは２０１９年中途入社）の成績を短尺動画導入店舗と非導入店舗で比べても、導入店舗のほうが１・５倍も多いという結果となった。短尺動画は商談にも威力を発揮するのだ。

経営論の視点から 6

企業の最重要機能・営業の難しさを解く

分析協力：入山章栄　早稲田大学大学院経営管理研究科教授

「営業」はビジネスの最も重要な機能の一つであり、ほぼすべてのビジネスにおいて営業の機能が不可欠になっている。

売上げが立たないことにはコストをまかなえず、ビジネスを継続することが難しくなるからである。したがって個人事業主も含めて起業家はおしなべて、売上げを立てることの難しさを痛感している。

私が長年勤めた経営コンサルティング業界でも、多くのファームにおいて、最も経験を積んだコンサルタントが営業の役割を担っていた。コンサルティング・ビジネスは高額な無形商材のため、販売が最も難しい業務だからである。

そして、個人の営業力によって業績が左右される事業ほどパレートの法則（2：8の法則）が当てはまり、売上げの大きい上位2割の社員が、全体の8割を稼ぎ出す構造がよく見られる。よって、上位2割以外の社員の売上げをいかに引き上げるかが非常に重要になる。

他業界を見ても、食品スーパーで見かける数百円の冷凍食品の実演販売も営業の一つだし、レストランでウエイターが行うおすすめメニューの紹介も立派な営業である。美容院ならカットだけでなく、パーマ、カラーリングなどのちょっとしたおすすめで、客単価が数千円上がる。宝石店なら数万円から数十万円の差が出るだろうし、住宅販売などは営業力の有無で数千万から数億円の差がつくことになる。

メーカー、金融、化学……などＢｔｏＢのほとんどの業種には法人営業部隊があるだろうが、場合によっては1件の商談で数億円から数百億円、数千億円の金額が動く。

国内でも有数の営業力を持つ企業は、株式時価総額でトップ3に入るキーエンスである。社員の平均年収は2千万円を超え、これも国内最高レベルである。キーエンスは精密機械メーカーであるが、その強みの源泉については長らく、製品力というよりも営業力にあると言われてきた。

その無敵の営業力を生んでいる秘訣の一つが、徹底的なロールプレイングである。一般的な企業におけるロールプレイングは新人向けが大半であり、それも研修でちょっと行う程度である。ところがキーエンスではベテランも含めて毎日、担当顧客に出向く前に社内で上長とのロールプレイングを行い、フィードバックが行われている。

ロールプレイングの守・破・離で営業人材が育つ

ところで、剣道や茶道など、日本の芸事や芸術における修行の過程を三段階に分けて示した「守・破・離」という言葉をご存じだろうか。

最初の「守」は指導者の言葉を忠実に受け取り、その行動をそっくりまねし、繰り返し実践することで指導者の技能を完全に自分のものにする段階を指す。

次の「破」は、指導者の教えを十分に咀嚼《そしゃく》したうえで、自分なりの工夫を加えて指導者のやり方とは異なるやり方を試してみる段階だ。

そして最後の「離」の段階において、指導者から離れ、「破」の段階で試したやり方を自分なりに発展、昇華させていくことになる。

ロールプレイングも、まさにこの順番で行われる。まずは、型として企画部や先輩から示されるやり方をまねし、守の段階を踏む。

そして、慣れてくると徐々に自分なりの経験や工夫を加えていくことで、破・離とステップアップしていくのである。

ロールプレイングをデジタル化する2つの意味

ＩＤＯＭの事例は、このロールプレイングのデジタル進化版である。短尺動画を活用して教育することで守・破・離の成果を実現できる。

ＩＤＯＭの例で言えば、先輩営業マンによるお手本動画を何度も再生し、商談の流れを暗記するくらい見入るのが「守」の段階だ。そこで学んだお手本の話法を、今度は自分の商談で試してみる。相手も状況も動画とまるで同じというわけにはいかないから、状況に合わせた話題や自分なりのアレンジが必要になる。それが「破」の段階になる。そして、商談の場数を踏んで自分なりのやり方を身につければ「離」の段階に達したことになる。

早稲田大学大学院経営管理研究科教授の入山章栄氏は、車を買い替える際、いつも同じセールスパーソンから買っているという。こうした反復購買をしてくれるお客様を獲得できる商談力を備えることは、営業の理想であろう。

営業に求められるスキルレベルは、販売によってもたらされるライフタイムバリュー（LTV）との関係が深い。ライフタイムバリューは、商品を購入してくれたお客様が、将来にわたってもたらしてくれる利益の現在価値の総和である。

商品の値段が高いほど、利益率が高いほどライフタイムバリューは大きいし、保険や携帯電話の利用料のように、解約されるまで継続的に売上げが発生するものは、ライフタイムバリューが飛躍的に大きくなる。**そして、ライフタイムバリューが高い商品ほど売るのが難しく、営業に求められるスキルレベルが高くなる。**

企業からすると、営業力の強弱は売上げや企業価値に直結するため、当然、その強化につながるロールプレイングに革新を起こすことが、経営の重要事項になっているのである。

デジタル化するメリットは、ロールプレイングの品質を高めること以外にもある。ロールプレイングのデータが残ることである。以前はコストがかかって大変だった動画の解析も、AIの進化によって低コストでできるようになってきた。守・破・離に沿った技術習得の過程が解析可能なデータとして残せると、学習者個々のレベルに応じたカスタマイズも可能になるだろう。

ロールプレイングの優秀な指導者は、学習者のレベルに合った適切な課題設定を行って投げ掛けるが、レベルの見極めは非常に難しいだけでなく、バラツキが出ることは否めない。本人の能力をストレッチする課題を与え、達成感を与えつつレベルアップを継続させることは至難のわざである。動画とＡＩがロールプレイングを支援することによって、その実現が期待される。

第7章

サービスによる付加価値化の可能性と課題

JR東日本スタートアップ

輸出済みの中古鉄道車両のメンテナンスという大問題

ここまで多店舗型のサービス業に動画がいかに役立つか、という話をしてきた。最後に、それ以外、具体的には複雑な機械のメンテナンス業務への活用例を紹介したい。

インドネシアの首都ジャカルタ。人口は960万人。そのジャカルタを中心として同心円状に広がる、半径50㎞超のジャカルタ大都市圏の人口は2800万人を超える。一都三県の東京大都市圏が3700万人だから、かなりの規模だ。

同地域で通勤輸送の一翼を担っているのが、ジャカルタ中心部から郊外へ延びる通勤電車網を運営する「インドネシア通勤鉄道会社（KCI）」である。

実は、KCIのほぼ全車両が日本の首都圏の通勤線区で走っていた中古車両である。なかでもJR東日本の205系が中心となっている。

JR東日本が同社への205系の有償輸出をスタートさせたのは2013年のことで、数は180両にものぼった。その後も毎年輸出が繰り返され、2020年度末でその数は

812両にもなる。それだけの数の205系車両が第二の職場としてジャカルタ圏を走り回っているのだ（ただし、2019年、インドネシア政府は2020年以降の中古車両輸入禁止を掲げたため、その数はこれ以上増えないと予想される）。

鉄道車両は精密機械であるから、定期的なメンテナンスが不可欠だ。マニュアルを渡し、「あとはよろしく」では済まない。日本人の助けを借りずとも、自前で修理や点検ができる現地の技術者を育成しなければならない。

そのために行われていたのが対面指導による研修だ。

具体的には、20名ほどのKCIの技術者に日本に来てもらい、1か月ほどJR東日本の車両センターに通ってもらう。あるいは、講師役のJR東日本の技術者がジャカルタに行く。それを何度か繰り返し、3年ほどかけて一人前に育てるというやり方だ。

ここにはいくつもの課題があった。大別すると4つになる。

ひとつは**コストが高い**ことだ。お互いの渡航費、滞在費、移動を含めた滞在期間中の人件費が必須となる。

次に効率の問題がある。1回に指導できる人数は限られるので、教わった人がその内容を次の人に教える、というやり方をとらざるを得ない。そうすると**どうしても〝伝言ゲーム〟が起きてしまい、技術の劣化が避けられない。柔軟性に欠ける**という問題も生じる。新たな教育内容が加わったとき、対面研修のみでは対応が難しいのだ。

最後に、**PDCA（Plan→Do→Check→Action）サイクルが回らないことだ。**教える場所と実践される場所が離れているため、教えた技術が現場でどのように活用されているかを確認できないのだ。改善活動を行うことが事実上不可能なのである。

匠の技を動画に収める

こうした課題を解決する方法として、短尺動画システムが試験的に導入された。

2018年12月から翌年3月にかけてのことだ。

技術の勘どころを短尺動画にし、いつでも、誰でも視聴できるようにする。こうすれば、渡航費も滞在費もかからないし、悪しき伝言ゲームもなくなる。

新たな内容を加えたければ、新たな動画を作ればよい。繰り返し視聴し、そのとおりにやってみる。そこに講師がいなくとも、技術の自己習得が可能になるのだ。

教えたことが本当にできているのかは、各自が習得した技を動画にし、投稿してもらって確認する。講師役の日本人が視聴して巧拙をチェックし、優れている点、改善を要する点をコメントの形でフィードバックする。

メンテナンスや修理項目のすべてではなく、活用頻度が高く、なおかつ紙のマニュアルで教えることが難しいものが動画化された。

たとえば、ドア開閉装置の操作である。

鉄道車両のドアが閉まるときは、各乗降口において左右両方向からまず扉が接近してくる。そこから同じ速度で2つの扉が接着して「閉まる」というわけではない。左右の扉がある程度近づくと速度を緩めてタメをつくり、それから完全に閉まるようになっている。乗客の荷物や身体がはさまれないように、そういう動きをすることになっているのだ。そのタメの時間は長すぎても短すぎてもいけない。

そこで、タメの時間がちょうどよいもの、早すぎるもの、逆に遅すぎるもの、計3つの動画を作り、見比べてもらった。

通常は一目で見られないものも動画にして編集すると、1つの画面で別々に再生できるから、理解が深まる。

電車は屋根に付けられたパンタグラフを通して電線から電気をとり入れ、その電気を車体下部に取り付けられたモーターまで流し、モーターが回転することで車輪が回る仕組みになっている。

したがって、通電がうまく行われているかどうかを定期的に点検しなければならない。その場合、通電のためのスイッチは運転席にあり、そこは、モーターがある車両とは別なので、互いにトランシーバーを持ち、会話をしながら通電チェックを行う。

そのやり方を対面研修で教える場合は、まず運転席側の操作を一通り教え、それが終わったら場所を移り、モーターがついた車両の下に潜り込んでこちら側で行う手順を確認する。

これを動画にした場合は、運転席側の映像とモーター側の映像を1つの画面に組み込めるので、まさに一目瞭然になる。視聴した人からは、両者の関係がすごくよくわかると喜ばれた。

防錆のために車両の屋根を塗装する方法も動画にした。出来栄えを見せるための動画だ。屋根は高い場所にあるので、塗装のやり方と完成した塗布面を間近で観察することがなかなかできない。その点、動画にして編集すれば、プロセスと結果を対比しながら見られることになる。

匠の技を伝える4つのポイント

先に「実験」と書いたが、短尺動画システムがJR東日本に正式に導入されたわけではなく、あくまで実証実験だった。具体的には、JR東日本が企画した、ベンチャー企業のアイデアをJR東日本グループの経営資源を用いてブラッシュアップしていく第2回「JR東日本スタートアッププログラム」に採択されたのだが、本導入には至らなかったのである。

ただ、こうした匠の技を動画の力で伝承していくことには、これからもチャレンジしていきたい。

その場合、①道具の問題：どの道具をどのように使えばいいのか、②プロセスの問題：全体の流れをどうすればいいのか、③キーポイントの問題：その中でポイントになる作業は何か、④完成基準の問題：何が、どのような状態になったら完成と言えるか、この4つをわかりやすい動画で説明できればうまくいくはずだと考えている。

JR東日本スタートアップのSECIモデル

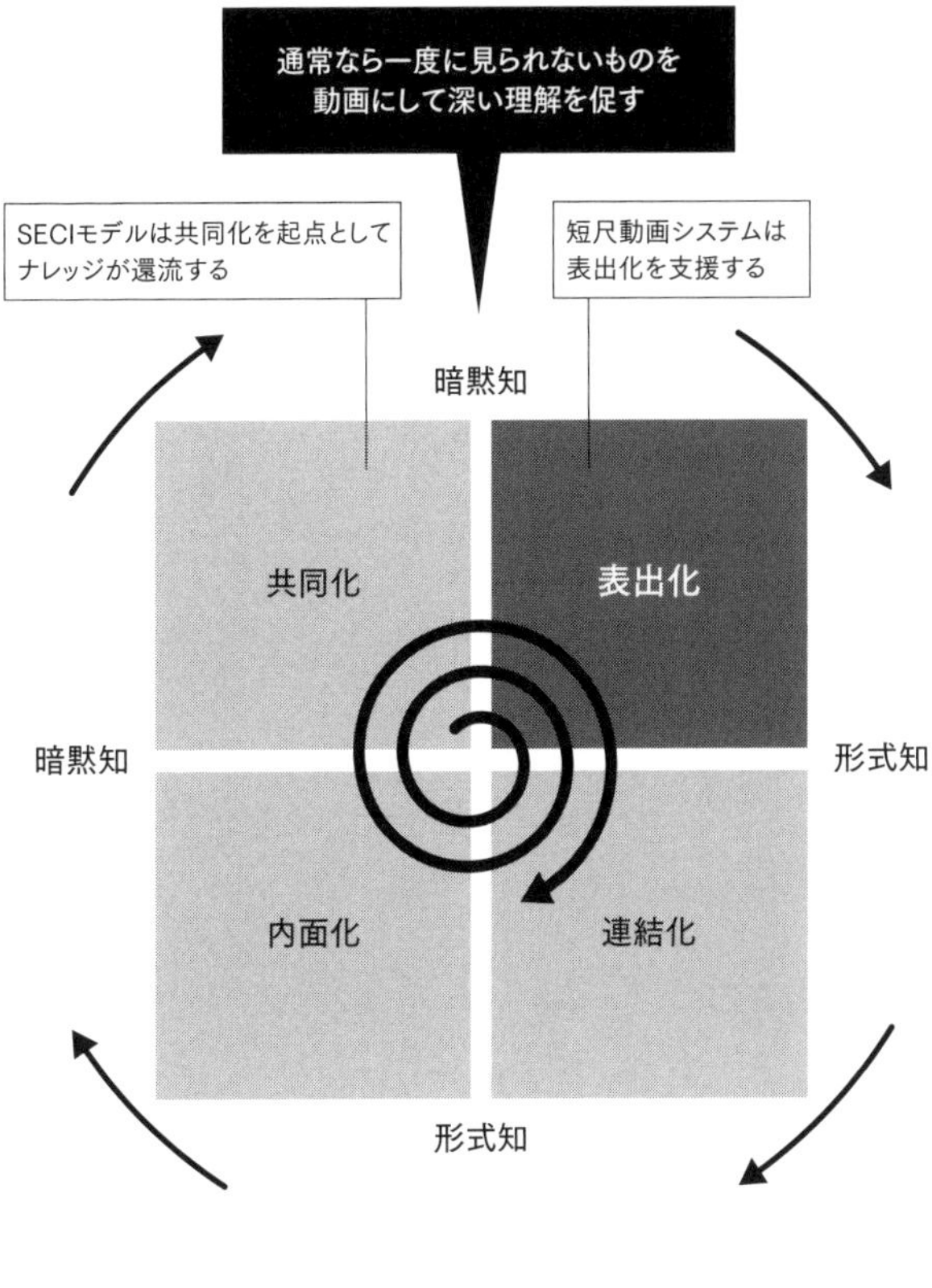
通常なら一度に見られないものを
動画にして深い理解を促す
SECIモデルは共同化を起点として
ナレッジが還流する
短尺動画システムは
表出化を支援する
暗黙知
共同化
表出化
暗黙知
形式知
内面化
連結化
形式知

異なるスピードで締まる扉の動画を3つ作り、並べて見比べることで、微妙な違いも一目瞭然となり、技術の伝承が可能となった。

経営論の視点から 7

熟練者が持つメンテナンス技術の継承に不可欠なもの

一般消費者の目には触れないが、鉄道など巨大な装置を必要とする事業には、人知れず熟練の技術者によって支えられているものが多くある。たとえば、移動手段であれば陸海空それぞれに、自動車・鉄道、船舶、飛行機・ロケットなどがある。

さらに、それらの移動手段を支える道路、橋、トンネル、港湾、空港など、生活インフラであれば電気、ガス、水道。家庭に届くまでのインフラを考えると送電線や埋設パイプがあり、その先には発電所やガスタンク、ダム・貯水槽、浄水場など、巨大な建造物があって、それらの維持・管理をつかさどる熟練技術者がわれわれの生活を支えている。

日本においては、戦後の焼け野原から近代化を進める過程でこれらの産業インフラが一気につくられ、高度成長期にほとんどの原型ができあがった。それゆえにいま、首都高をはじめとする高速道路、新幹線や地下鉄といった鉄道網、東京タワーを象徴とする電波塔など、多くのインフラが建造後60年以上を経過し、これまで以上に手厚いメンテナンスを行う必要に迫られている。

一方で、高度成長期の発展を支えた第1次ベビーブーム世代は200万人以上いたが、すでに75歳以上の後期高齢世代となって現役を引退している。社会を支えるどころか、年金受給者として支えられる側になっている。2020年代中盤における各企業での中心的な存在が現在50歳前後の第2次ベビーブーマーだが、この世代を最後に日本の人口は減少の一途をたどった。

技術がないなかで新しいものを生み出した高度成長期の奇跡には大いに称賛を送り、それを成し遂げた先人たちには心から感謝したい。しかし、過去につくられたものを正しくメンテナンスする仕事も、その奇跡と同等かそれ以上に達成が難しい。同時期に同じようにつくられたものでも、その後の使用状況によって状態が異なり、メンテナンスのやり方も違ってくる。また、必ずしもメンテナンスを考えてつくられた建造物ばかりではない。

その**メンテナンスには熟練の知識と技が必要になるが、その多くは技術者の暗黙知によって支えられている。**特に巨大な建造物については、熟練者と若手が同じタイミングで、同じ場所にいて作業を一つひとつ教え込まなければ、技術を伝承することが難しい。

事例にあったように「防錆のために車両の屋根を塗装する」のであれば、車両の屋根の上に一緒に上らなければ、技術を教えることは難しい。メンテナンスの対象となる箇所が無数にあるうえに、作業は肉体労働を伴うものが大半なため、文字によるマニュアル化がきわめて難しいからだ。

ドローンやＡＩの進化によって、ダムや橋などの点検作業が半自動化されるなど、熟練技術者の人手不足を補う方法は日々研究開発されてきている。しかし、映像を用いた技術伝承については、その効果が十分に検証・評価されているとはいえない。

たとえば、熟練技術者のヘルメットにカメラを付けて作業を常時録画すれば、その場にいない若手技術者も熟練技術者と同じ視点で作業を見ることができる。しかも、その映像というデジタル情報にすれば、映像を早送りしたり、見たいところだけ繰り返し見たりでき、活用の幅が広がる。

生成ＡＩの技術を利用すれば、近い将来ある条件のもとで、自動的に動画を編集することも十分可能になるだろう。撮影するカメラに工夫を施せば、ＶＲ化してよりリアルな教材を作ることも可能になるはずだ。

さらにこの映像は、将来のロボット活用にも生きるはずである。ＡＩにしてもロボットにしても、学習教材がなければ進化させることが難しいからである。

終　章

生成AIが知識創造と動画経営に与える影響を考える

コンピュータに負け続けてきた人間のあゆみ

本書を書き終える前に、どうしても考えておかなければならないテーマがある。ChatGPTを中心とした生成AI（人工知能）の進化が、われわれの短尺動画システム（アビリクリップ）およびその存立基盤となっている知識創造理論（SECIモデル）にどのような影響を与えるか、ということである。

これまでのサービスにおいては、配膳ロボットのような例外はあるものの、**顧客接点、つまり対面サービスの担い手はもっぱら人間**だった。新しい暗黙知を生み出すことができるのは人間に限られており、その暗黙知を形式知にする（＝表出化）にあたり短尺動画が大きな威力を発揮する、というのが本書で掲げた大きな主張のひとつだった。

しかし、生成AIが、大量のテキストデータを使ってトレーニングされた自然言語処理のモデルである大規模言語モデル（LLM：Large Language Models）から、文字、音、画像、動画など、２つ以上の異なるモダリティ（データの種類）から情報を収集し、それらを統合して処理するマルチモーダルモデル（MMM：Multi Modal Model）に移行し、動画を扱えるようになると、まったく話が変わってくる（ちなみに、ＣｈａｔＧＰＴはそのＭＭＭでできている）。

コンピュータに負け続けてきた人間のあゆみを短く追いながら、その点を説明してみよう。

［計算］

人間は霊長類に属し、地球上の生物の頂点に位置する存在である。肉体的に人間の能力を超越する動物はいくらでもいるが、知的能力という意味では人間にかなうものはない。ところが、その知的能力のある部分を代替するどころか、はるかに凌駕しているものがある。それがコンピュータであり、その心臓部にあたるソフトウエアである。

わかりやすい例を出せば電卓だ。１９６３年、イギリスで最初の電卓が発売された。四則演算に関し、電卓のスピードと正確性に勝てる人間はまさかいないだろう。その後、１９７０年代のアメリカでパソコンが登場し、さらにエクセルなどの表計算ソフトが誕生すると、論理式や関数を駆使することで電卓をはるかに上まわり、大量かつ複雑な計算をこなすことができるようになった。さらにパソコンは数字だけではなく、文字や画像も、そして容量が大きくなると音や映像、動画も扱えるようになった。

［ゲーム］

コンピュータが計算の次に人間を凌駕しはじめたのが、ルールが簡単な――ルールが論理化でき、その解法にコンピュータの計算能力が適用できる、と言うほうが正しいかもしれない――盤上ゲームの分野だ。

コンピュータがゲームで人間に勝てるようになったのは、オセロ、チェスがいずれも1997年のことだ。

その2つはともかく、将棋や囲碁はルールが複雑で、人間のプロを超えるのは相当先になると予想されていた。ところが将棋では2013年に、コンピュータが人間に初めて勝った。一方、囲碁はかなり難しく、人間に勝利できるのは将棋の10年先と言われていたが、2016年にAIのアルファ碁がプロ棋士を倒してしまった。現在は囲碁も将棋も、トッププロがAIを学習相手として活用するという逆転現象が起きている。

数字や論理の世界では、人間は生成AIには勝てないという現実は、もはや新しい現実

ではなく、常識となりつつある。

［文章］

次のターゲットになったのが、文字や文章である。主役となったのは生成ＡＩ。文章を綴るという人間の能力を凌駕する可能性が高いのが、ＣｈａｔＧＰＴに代表される生成ＡＩなのだ。

現に、２０２３年にリリースされたＣｈａｔＧＰＴ－４は、文章をインプットすると、人間の誰よりも速く正確な要約文を作れるし、同じく文章をインプットし、「この話の続きを考えてください」と入力すると、誰よりも速く答えを出してくる。「作家の○○さん風の文章を書いてください」と入れると、本当にそんなテイストの文章が出てくる。

日本では２０２２年にリリースされたＣｈａｔＧＰＴがブレークスルーしたポイントは、インターフェースをテキストチャットにしたところだろう。ＣｈａｔＧＰＴ－２や３はそれほど注目されなかったが、同３・５や４になると一気にユーザーが増えた。結果としてＣｈａｔＧＰＴを生み出したＯｐｅｎＡＩ社は、より人間らしい自然な会話内容に関する膨大なデータを手に入れることができ、それはＣｈａｔＧＰＴ－４・５や５の開発に大いに役立つことだろう。

［さらなる進展］

文章生成ＡＩの分野で先陣を切ったのは、まさにそのＯｐｅｎＡＩ社であるが、他社も負けてはいない。たとえば、マイクロソフトが２０２３年に発売したMicrosoft365 Copilot（コパイロット）というソフトウエアには生成ＡＩが搭載されており、簡単な操作によってメールスレッドの要約や返信、メールの下書き、Ｗｏｒｄで作成した文章の校正や要約、文章のカジュアルなトーンからビジネスにふさわしいトーンへの変更、Ｅｘｃｅｌで入力したデータをもとにした表の作成や、関数に関するアドバイスなどが可能だという。

ほかにもＰｏｗｅｒＰｏｉｎｔでのスライド作成、画像の挿入、レイアウトの調整も手がけるばかりか、オンライン会議ソフトＴｅａｍｓでは会議の要旨や論点のまとめ、議論内容に関する情報の検索、次にやるべきことの提示などを簡単な操作で実現してくれるというのだ。

「そうした生成ＡＩには、感情がないだけでなく、自分が書いた文章自体を理解していない。「人間の書いた文章には血が通っている」という批判的意見もあるが、文章の中身を理解しているかどうかはさておき、ＡＩが人間の感情を動かす文章を作り出せることは事実である。アメリカの一部の学校では、**ＡＩが教師の代わりを務めており、その教え方のうまさに生徒が感動して涙を流す**、という現象が起こっているという。

もはや文章ばかりではない。２０２２年には、単語や文章で指示するとそれにふさわしい画像を作り出すStable Diffusion（ステーブルディフュージョン）という画像生成ＡＩが、23年には歌詞や曲調を文字で指示すると自動で曲を作ってくれる、Suno（スノ）という音声生成ＡＩまで登場している。

形式知の分野でもはや人間はＡＩに勝てない

このように見てくると、コンピュータが、計算、ゲーム思考、文章作成、画像生成、作曲と、人間が持つそれぞれの能力を大きく上まわるレベルまで発達を遂げてきたことがわかる。その背景には、一人の人間がとうてい処理できないほど大量のデータを、コンピュータに搭載されたＡＩに学習させていることがある。

データというのは、究極的には０と１だけで構成される、いわば形式知である。**ＡＩが行っている動作は、操作する人間の指示に対し、ある形式知を別の形式知に置き換えていることにほかならない。**

したがって形式知の分野では、もはや人間はＡＩに勝てないということになるのだが、そうなると、人間がＡＩに勝てる残された分野は暗黙知になる。ところが、先述したように、ＡＩが大規模言語モデルからマルチモーダルモデルに移行し、動画を扱えるようになったので、もしかしたら**数年後には、対面サービスの担い手は人間しかない、というこれまでの前提があっさりと崩れてしまうかもしれない。**サービスの場面ごとに模範の動画を作り、それをＡＩに覚え込ませればいいのだから。

そうなった場合、次に不可欠となるのが「眼」である。アンドリュー・パーカーの『眼の誕生　カンブリア紀大進化の謎を解く』（草思社刊）によれば、生物の進化に大きな役割を果たしたのが、眼をもつようになったことだという。

それまでの生物は眼のない単純な反応体であり、ある情報を取り込み、それを処理し、行動という形で出力していた。現在でもアメーバなどの生物がその段階にある。

それが、眼をもったことで個体がインプットする情報がリッチになり、世界に対峙し、そこで生き延びるための大量のデータを手に入れることができた。捕食者から逃れていかに生き延びるか、逆に獲物をどうつかまえるかといったように、生物の戦略が多様化する。この生物における眼の誕生が、5億4200万年前のカンブリア紀において生物の多様性が爆発的に拡大する契機（カンブリア爆発とよばれる）になったという。


人間にとっての眼が、コンピュータにおいてはカメラあるいはセンサーになる。ロボットにカメラを搭載し、周囲の状況を理解させることでその進化を図ったのが家庭用の掃除ロボットであり、飲食店の配膳ロボットである。初期の掃除ロボットには眼がなかったので、部屋の隅々まで掃除するのに長時間を要したが、いまでは眼を持ち、フロアマップを把握してから掃除に取り掛かるので、掃除に要する時間が劇的に短縮された。

配膳ロボットについても同様のことが言える。周囲の状況を把握する眼を備えた現在は、レイアウトが店舗ごとに異なり、仲間の配膳ロボットはもちろん、客が頻繁に歩き回っているような店内に置かれても、自分のやるべき配膳の仕事を黙々と実行してくれるのだ。

車の自動運転よりも、サービスロボットの開発が難しい理由

海外に目を向けると、アメリカのサンフランシスコ市では、2023年8月から自動運転によるタクシーの有料サービスが始まった。交通事故による死亡者数は世界で年間135万人にも及び、病気を除く死因のトップとなっているが、サンフランシスコ市は人間による運転よりも自動運転のほうが安全性が高いと判断したのだろう。

この場合もカギを握ったのは、自動車を動かすソフトウエアが、周囲の状況を的確に判断できる眼を備えたことである。こうして自動車の運転という分野でも、コンピュータが人間の能力を凌駕しつつある。

こうなると対面サービスの分野でも、ロボットが幅を利かせるようになるのだろうか。

いや、そこまで行くには時期尚早だ、というのが私の見方だ。

なぜか。

すでに各種の実証実験の段階を終え、実用化しつつある自動車の自動運転と比べると、人間が担っているサービスの仕事をロボットに代替させることの難しさがよくわかるからである。

自動運転の実現に必須な要素と対比しながら4点ほど検討してみよう。

【ナビゲーション】

一つ目は、現在地から目的地に向かうためのナビゲーションシステムであるが、これはすでにカーナビという形で実用化されている。ドライバーもしくは助手席に座った人間が走行時に紙の地図を参照していた時代は、はるか昔のことだ。

これがサービス業の場合、現在地から目的地の意味がサービスの内容によって異なり、かつ複雑だ。せいぜい可能なのが配膳くらいというわけで、現在は配膳ロボットが実用化されている。

[状況認識]

二つ目は、運転手の代わりに自動運転のソフトウエアが、眼の前の道路の路面や信号、歩行者、他の自動車やバイク、自転車の動きなど、周囲の状況を正しく認識できることだ。

サービス業の場合は、認識すべき状況の構成要素がサービスの内容によって異なってくる。厨房に立つ人なら、食材や食器、調理器具、オーダーを記したメモなどだろうし、フロア担当者なら、店内の様子、「オーダー、お願いします」と言うお客様の声、新たに来店したお客様の把握となる。どれをとっても、車の運転の場合よりもはるかに複雑な状況認識が必要となる。

[適切な行動]

三つ目は、その状況認識に基づいて車を安全に運転できることだ。

運転に必要な動作といえば、ハンドルを両手で操ること、アクセルとブレーキを足裏でコントロールすること、それだけである。ひと昔前はクラッチの操作が必須だったが、現在は大半がオートマチック車になっているため、必要な動作はこの2つになってしまった。

一方、サービスに従事する人に求められる動作は、1つのサービスを提供するだけでも全身運動が必要になるし、サービスの内容が異なれば必要な動作もまったく変わってくる。たとえば、最近の飲食店では、セルフオーダーシステムなど、IT機器が導入されるケースも増えてはいるが、一般的なフロアオペレーションを包括的に見たとき、次のような手順が考えられる。

彼は店の入り口にいつも気を配り、客が来たかどうかを常にチェックしていなければならない。そして、客が入店したら人数を把握し、店内の空いているテーブルに案内する。その間に、既に着席している他の客から、「すみません。注文いいですか」と声をかけられたら、「少々お待ちください」と返しておく必要がある。

客をテーブルに案内した後、先ほどの客のところに注文を取りに行く。そして厨房に行って注文内容を伝えたら、案内したばかりの客に人数分の水を提供する。

そのうえでメニューを提示するが、その際は、「ハンバーグとグリルドハンバーグはどこがどう違うのか」といった質問に的確に答えなければならないし、オーダーシステムを使わない店であれば客一人ひとりのオーダーをしっかり記憶しなければならない。

そして料理ができあがったらトレーに載せて運び、「お待たせしました」と言葉を添えて間違えずにそれぞれの客の前に置く……。

運転席に腰掛けて、顔を正面に向け、手足の適切な動作をすればいい自動車運転と比べて、なんと複雑なことだろう。こうした動作をロボットに教え込むには、相当の手間がかかるのは間違いない。

しかも、ロボットにそれを覚え込ませたところで、その動作を実現するメカトロニクスが必須となる。人間の五本指の精妙な動きをいかに機械化するか、それだけでも大きな難題として立ちはだかるだろう。

［学習］

最後、四つ目がＡＩの学習という点である。

自動運転の場合、信号を守る、他の自動車や、工事標識など道路上にある物にぶつからない、急ハンドルや急ブレーキ、急加速、急停止をしないといった、避けなければならない禁止事項が明確であり、それをＡＩに学習させればよい。

たとえば、ＡＩの眼が前方の赤信号を認識しているのに車が停止しなかったら、エラーとして判定され、プログラムが書き換えられなければならない。ＡＩに加速度センサーが備えられていれば、避けるべき衝突や急ハンドルなどの乱暴な運転がエラーとなるよう、プログラムが書き換えられる。

一方、サービスの場合はどうだろうか。先ほどのフロア担当者の例を思い起こしていただきたいが、一つひとつの動作に関する良し悪しの判定が非常に難しいことがわかる。たとえば、自分では感謝の気持ちを伝えようと、元気いっぱいに「いらっしゃいませ！」と言っても、客によってはうるさく感じるかもしれないし、ゆっくりくつろいでもらおうと広めの席に案内しても、「狭くても窓際の席のほうがいい」と言われるかもしれない。

さらに言えば、それが良いサービスか悪いサービスかを、他者（たとえば上司）が判定するのは難しい。要は客の受け止め方次第という側面があるからだ。

以上、ナビゲーション、状況認識、動作、学習という4つの観点から見ると、サービスの仕事をロボットに代替させることは自動運転のようにはいかず、非常に難しいと結論づけられる。

人手不足とサービスの課題

一方、AIがさらに進化してサービスの課題を解決していくとしたら、どんな領域が考えられるだろう。真っ先に挙げられるのが**労働力不足の問題**だ。

これまで人手不足とは言われながらも、実は直近10年ぐらいは、女性の労働参加比率が高まり続けることでそこまで深刻にはならなかった。

ところが、女性の新規参加ボーナスもほぼ頭打ちとなり、外国人の採用も一筋縄ではいかないという状況になって、これまで日本で当たり前のことだと思っていた高いサービスレベルが、維持できなくなりつつある。

ここまで何度も述べたように、国内においてサービス業はGDPの7割近くを占める最大の産業であり、そこで働いている人も総労働力の7割ほどに達することを考えると、サービス業がもっと発展していかなければ働く人も消費者も幸福になれない。逆に言えば、日本を元気にするにはサービス業が先陣を切って発展していかなければならない。

では、人手不足でもサービスレベルを維持する、さらには向上させるにはどうすればよいか。視点を現場の店舗オペレーションに戻して考えてみよう。

たとえば、飲食のチェーン店に行ったときに、季節商品や新商品のフェアが提供されるのは一消費者としては当然のことに感じるが、提供する側に立って考えると、全国各地に分散する数百店舗で一斉に同じ商品を同じクオリティで提供するのは簡単なことではない。

レシピは決まっていても、それを再現するのはほとんどが人で、店舗ごとに設備やシフトの人員が違うからだ。熟練度や情報共有の粒度がバラバラだから、商品やサービスの品質がバラつくのである。ここが製造業との最も大きな違いである。

本部が提供したいと思っているサービスを、全店舗でそのとおりにお客様に提供することと自体が難しいという点を踏まえれば、デジタル技術やＡＩを利用した工夫の余地を感じやすいのではないだろうか。

さらに言えば、地理的に離れた現場で生まれている創意工夫を集めて、それを全社的な取り組みに昇華させるのはもっと難しい。

前者は、決まったことを正しく伝えて正しくやりきるという話で、後者はバラバラの事象を集めて１つの取り組みにする。いわば、現場に散らばっている原石を集めて磨き、１

つのダイヤモンドにするような作業だからだ。

本書で事例とともに紹介してきた動画経営に取り組めていない企業では、スーパーバイザーが担当の店をまわり、現場の情報を収集して本社に持ち帰り、それをインプットとして新しい取り組みを考えようとする。すると伝言ゲームになって正確に伝わらない。スピード感も落ちるし、コストもかかるという現実がある。

私たちは短尺動画システムのような仕組みを活用することで、数百の現場が点在していてもＳＥＣＩモデルをぐるぐる回せるようになると考えてきた。それがさらに進んでＡＩのパワーを活用する未来は、どのようなものなのだろうか。

日本のサービスの未来のためのＡＩ

ＡＩをサービスレベルの維持や向上のために活用するのであれば、まず身体動作、つまりアナログの動作を動画などのデジタル媒体に変換する必要がある。

いったんデジタルに置き換わってしまえば、マルチモーダルな生成ＡＩを活用すればその後の発展は比較的容易だ。

たとえば、デジタル動画から自動的に音声や映像の内容が書き起こされて、多言語に翻訳される。つまり、見る人の属性に合わせて最適な言語で表示されるわけで、究極のパーソナライズも可能になるということだ。

サービス業のロングテール側の作業（費用対効果がわからないほど発生頻度が低い作業）がデジタル化されると、従来の画一的教育とはレベルの違う、個々の働く人に応じた教育システムが限りなく低コストで実現できるようになるだろう。

結果として、従業員がスキルを獲得するまでの期間が短くなったり、より良いサービスを提供できるようになったりして全体の生産性やサービスの質が上がれば、そこで働く人の賃金も上がりやすくなるはずだ。

私が起業した10年ほど前は、ＡＩが動画を扱うのはとても無理だった。書き起こしの精度も翻訳の精度も低く、まるで実用的でなかった。それが直近数年間の生成ＡＩの技術的進化によって、動画や翻訳などの課題が次々とクリアされてきている。しかし、その激しい進化の中でも変わらない重要なものとして、ＳＥＣＩモデルが位置づけられる。

日本のサービス業は世界的に見て生産性が低いとされているものの、サービス品質を見れば日本は世界一である。コストパフォーマンスにも優れている。サービス業の発展は日本経済を牽引するドライバーになれる。

実際、世界経済フォーラムが発表する２０２１年版の観光魅力度ランキングで、日本は世界一となった。日本のサービスが、世界中どこへ行っても受けられるような時代が来れば、日本人に生まれてよかったと感じる瞬間がもっと増えるだろうし、日本が元気になるとも考えている。

本書で紹介したような、現場の暗黙知を吸い上げてサービスレベルの向上や生産性向上に結び付けるという考え方自体が、サービス業が直面しつつある難しい問題の一つの解決策になるはずである。

SECIモデルは人間がAIより優れている証拠

こう考えてくると、生成AIが登場してきたことで、知識創造理論（SECIモデル）の重要性がさらに高まったといえるのではないだろうか。

そもそも、SECIモデルのユニークな点は、暗黙知を形式知に変換する「表出化」のプロセスにある。

先述したように、暗黙知と形式知という別々の知識があるわけではない。海に浮かぶ氷山の海面から上に出ていて視認可能な部分が形式知であり、海面下にあるその何倍もの大きさの視認できない塊が暗黙知なのである。

生成AIは形式知から形式知を創造している

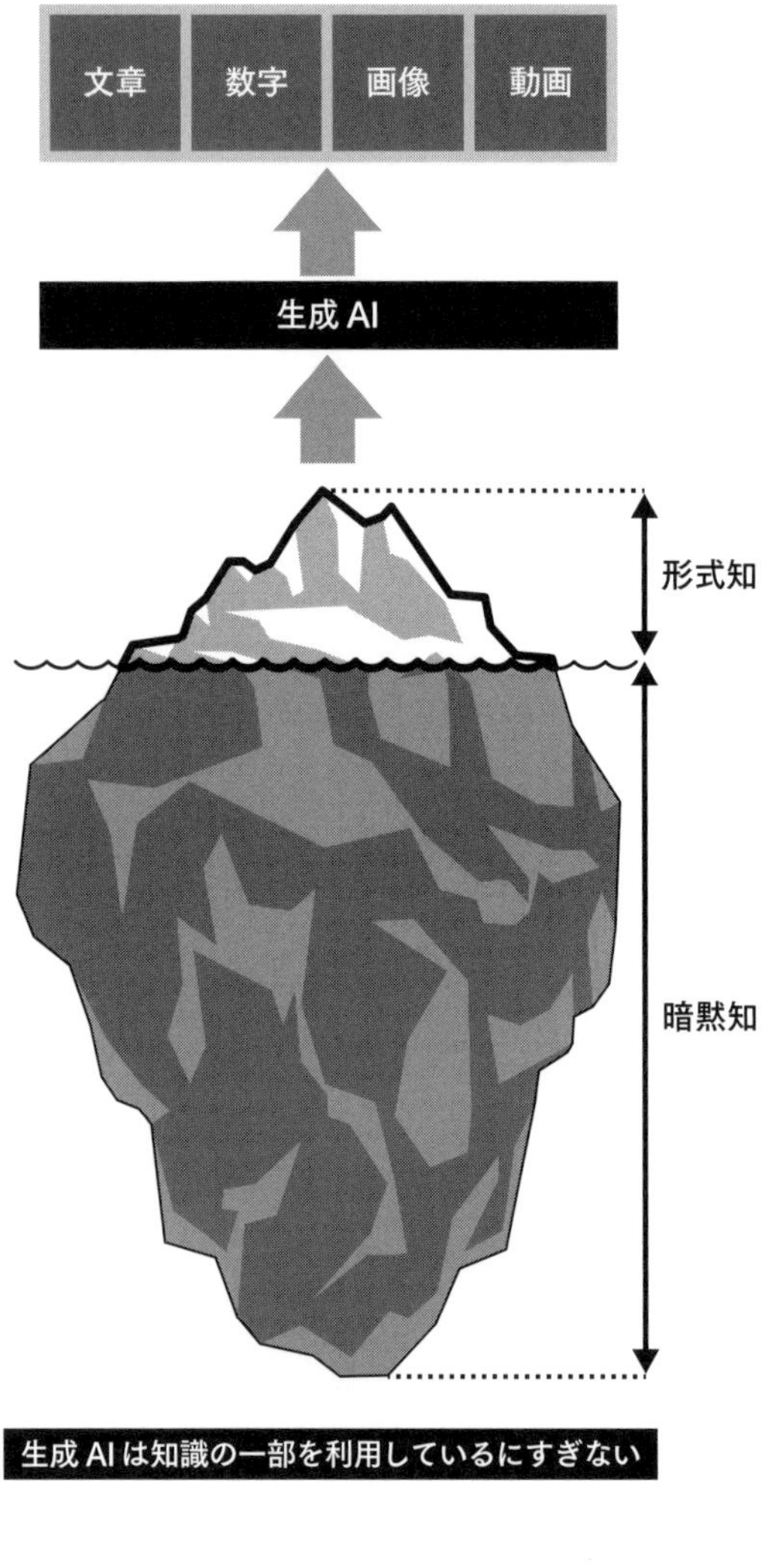

生成 AI は知識の一部を利用しているにすぎない

そして生成ＡＩが扱えるのは、われわれが視認可能な形式知のみだ。生成ＡＩは文章や数字、画像、動画など、すでに形式知になっている知識をインプットし、その組み合わせを変えて新たな知をつくり出している。形式知から形式知を創造しているのだ。

人間は生成ＡＩが（いまはまだ）生み出せず、扱えない暗黙知を生み出すことができる。

その暗黙知から形式知を生み出し、別の形式知と組み合わせて価値を高め、その実践によって新たな暗黙知を獲得していく（共同化→表出化→連結化→内面化）。そうやってＳＥＣＩモデルを回せることが、生成ＡＩに対する人間の優位性を表している。現時点では暗黙知がない生成ＡＩやロボットは、ＳＥＣＩモデルを担う主役になることはできない。逆に言えば、ＳＥＣＩモデルは生成ＡＩやロボットの進化の道筋を示していることになる。

なぜＡＩは暗黙知を生み出せないのか。それに対する答えは、人間のように身体を持たないからだ。

人間の場合は一人ひとり、ストレスの有無、気温、健康か不健康か、空腹か満腹か、初めての場か見慣れた場かというように、置かれた環境や身体状況によって感じることが異なってくる。人間の身体には無数のセンサーが埋め込まれており、そのセンサーから受け取る刺激によって、何事かを頭に思い浮かべる。それが暗黙知と呼ばれるものではないだろうか。

AIは身体を持たないから、暗黙知を生み出せない。暗黙知を形式知に変換することもできない。AI、ひいてはコンピュータの世界は0と1で構成されている。コンピュータに入力し、コンピュータが出力するものは、それが文字であれ、画像であれ、動画であれ、究極的には0と1の世界で表現できるデジタルの形式知なのである。

コンピュータやAIをもっと人間に近づかせようと思うなら、身体性を持たせる必要がある。それはコンピュータに入力される情報が形式知だけではなくなる、ということを意味する。

たとえば、コンピュータに呼吸機能や、視覚、味覚、聴覚、触感などを感知するセンサーを取り付ければ、インプットの質と量は大きく向上するだろうが、それでも人間には追いつけない。人間は熱い物体が身体に触れると「熱い」と感じるが、そういったプログラムが人間に組み込まれているわけではないし、学習をしたわけでもない。細胞レベルで熱さを感知する機能が備わっているだけなのだ。

このレベルにまでコンピュータを人間に近づけるには、細胞レベルまで人間と同じものを作り、その際に起こる化学反応まですっかり同じにし、それがコンピュータの思考にどんな影響をもたらすのかまで設計する必要がある。

そこまでやっても、コンピュータに暗黙知が生まれるかどうかは私にもわからない。もしかしたらそれが、ＡＩが自分より優れたＡＩをつくり出すこと、言葉を変えれば、ＡＩが人間の手を借りずに、自己フィードバックによる改良を繰り返すことで人間を上まわる知性が誕生する、というシンギュラリティ（技術的特異点）になるのかもしれない。

大谷翔平とダルビッシュ有がピッチング談義を繰り広げたら……

野球にせよサッカーやスキーにせよ、あらゆるスポーツは暗黙知の塊だといえる。ここで、スポーツの進化に動画がどう貢献できるかを考えてみよう。

この世界ではトップ中のトップの選手の暗黙知は、これまでほとんど公開されてこなかったが、2023年のワールド・ベースボール・クラシック（WBC）で日本チームを優勝に導いた二人のエース、大谷翔平選手とダルビッシュ有選手が野球ボールを手に会話をする場面を想像してみよう。それぞれがボールの握り方を説明しながら、実際に握って投げる動作を相手に見せ、各自の型を理解してもらう。

ＳＥＣＩモデルでいう共同化のプロセスである。共通体験を通じてお互いの暗黙知を共有するわけだ。

そこでは素人にはまったく理解できない会話が交わされるはずだ。その会話を文字に起こしたところで、ほとんどの人は理解することも、まねすることもできないだろう。ボールを手で握ったとき、大谷が持つ感覚とダルビッシュが持つ感覚が、それぞれにある。そこにちょっとした会話が加わると、それがきっかけになってある種の化学反応が起き、お互いの技術を取り入れてみようと、それぞれの投法が変化するかもしれない。

ここまでは動画なしの話だが、ここに動画が入ると話が大きく変わってくる。

大谷とダルビッシュの二人に先ほどと同じような会話を、今度はＺｏｏｍを介して行ってもらう。ボールを握ったり、ときには投げる際の腕の角度や投法そのものを見せたりしながら会話する様子を録画して、二人と同じくらいのレベルを持つ優秀なピッチャーに見せると、当人は大谷やダルビッシュと対話したことがなくても、二人の間で生まれたような化学反応が起こるかもしれない。

ＳＥＣＩモデルとは、ある人の暗黙知が別の人の暗黙知となり、それが形式知になるとともに別の形式知と合わさって一段上の形式知が生まれ、それを各自が実践することで新たな暗黙知が生まれる、というフレームワークである。ある人とある人との間に共感が生まれて暗黙知の移転が起こり、さらにそれが形式知化することは、大谷とダルビッシュ、あるいは二人と同等レベルの優秀なピッチャーだからこそ成立する。大谷と私、ダルビッシュと私では成立しえない。それはピッチングの知識と技能について、二人と私には天と地ほどの差があるからである。

ある動画を見せ、その真価が視聴者に伝わるか伝わらないかという問題は、動画そのものの質よりも、動画を見る側の視聴者のレベルによって左右される。暗黙知が共有され、そこから形式知が生まれるには、知恵を生み出そうとする意欲も当然関係してくるが、それ以前に、動画を見る視聴者のレベルが大きくものをいう。

動画は目の前の事象を的確に記録し、機器さえあればいつでも、何度でも再生可能なメディアである。重要なことなので何度も繰り返すが、その動画はSECIモデルにおける表出化、すなわち暗黙知から形式知への変換という点で大きな意味を持つ。しかも、目の前の動きを動画にした時点で暗黙知から形式知への変換が起こる。**つまり、動画こそがSECIモデルをより速く回し、経営におけるその影響度や範囲を拡大してくれる可能性を持っている**のである。

短尺動画は、短尺であることにこそ意味がある。「ここだけをしっかり見て、学習してください」ということで、要は編集が肝《きも》になるという話を前に書いた。その編集作業も生成AIに任せることができるかもしれない。

たとえば、ユーチューブでは、視聴者の数を示す波線が表示されている。波線が高いところは視聴者の多い箇所、逆に低いところは少ない箇所を示す。要は視聴率を表しているのだ。そのユーチューブ動画が20分あったとして、それを3分に縮めて編集する場合、その波線が参考になる。波線の高い箇所を切り取ってつないでいけば、人の興味を引く動画になるだろう。

短尺動画システムでも、これと同じことをすればいい。たとえば、寿司の握り方に関して手本となる映像を多数撮影しておく。その動画を「参考になる部分は速度を落として再生してください」という注意事項を付して社内の寿司職人に見てもらう。そしてAIに命じて、再生速度が遅くなった箇所だけをつないで、短く編集させるのだ。

解釈の余地が広い動画は暗黙知に近い形式知

SECIモデルのフレームワークを理解しただけでは、経営面への貢献はあまり大きくはない。その真価を発揮させ、レバレッジ（テコ）を効かせるには、デジタル、すなわち動画の力を借りて、そのプロセスを速める必要がある。

ユーチューブが大きなメディアになっている今日、そこに動画をアップすれば100万人、いや1億人が視聴する可能性がある。先の大谷とダルビッシュのやり取りほどではなくても、ピッチングに関する新しい化学反応が誘発される可能性は大きい。

実際、トリニダード・トバゴの陸上競技選手であるケショーン・ウォルコットは、やり投げのまったくの初心者だったのに、ユーチューブの動画を徹底的に見て学び、理想的な投擲《とうてき》法を身につけて2012年のロンドンオリンピックで金メダルを獲得している。SECIモデルに動画が組み込まれると梃子《てこ》の原理が働き、想定できなかったような大きな成果が生まれるであろうことは想像に難くない。

文字と比べると、動画は非常に情報量が多いがゆえに、視聴する側の解釈の余地も大きい。たとえば、私が話した内容を文章にしても、そのときの顔の表情や声のトーンはもちろん、身振り、手振りも伝えることができない。それだけ話すのにどれだけ時間を要したかという話の速度もわからない。動画ならそれらが一目瞭然になるし、話している私の背景に映り込んでいるものから、「こんな場所で話しているから、こういう話になったんだな」という想像もできる。

文字や記号は形式知の最たるもので、基本的には誰が見ても同じ理解がなされるべきものである。しかし、動画は見る人次第で、解釈の幅が広い。1本の動画を見て、その内容を伝える文章を書いてもらうと、どの部分にスポットライトを当てるのかの違いで、

100人いれば100とおりの文章が生まれる。本書では動画を形式知と見なしてきたが、コンピュータから生み出される形式知としては、もっとも暗黙知に近いメディアだということだろう。

短尺動画システムがフライトシミュレーターのようになる？

ここで、動画とリアル（現実）の違いを考えてみよう。

動画が持つ圧倒的なメリットは、何度再生しても、電気代以外のコストがほぼゼロで済むことだ。

一方、リアルには、相手の反応に合わせて動作や話に修正を加えられるという優位性がある。ただし、過去と同じことを同じように再現するのは難しく、再生のコストという面では動画に劣る。

短尺動画システムの質を高めるには、技術の進化を速め、究極的には、視聴者の反応に合わせてコンテンツを変えられるようになることを目指すべきだろう。

参考にできるものはある。英語試験のＴＯＥＦＬなどで近年広く採用されているＣＢＴ（Computer Based Testing）である。紙ベースのテストであれば全員が同じ内容になるが、ＴＯＥＦＬのようなコンピュータを使って行われるテストでは、回答の内容によって設問が変わるようになっており、その動画版を作ればよいのだ。

近い将来、私たちが提供している短尺動画システムも、ユーザーの活用具合によって視聴中の動画が変わるフライトシミュレーターや、エンターテインメントの要素を取り入れたロールプレイングゲームのようなものになっていくのかもしれない。

それは驚くべきことではない。いまの生成ＡＩが、入力する文章によって出力される文章が変わるのと同じ話だからだ。文章が動画になっただけであり、コンピュータが新しい動画を生み出しているわけではない。

扱う形式知の量とその新たな組み合わせによって別の形式知をつくり出すという意味では、人間はとうてい生成ＡＩにかなわない。

生成ＡＩに生成ＡＩが作り出した教師データだけ与える弊害

ただ、ここで留意したいことがある。いまの生成ＡＩが学習している教師データは、そのほとんどが人間がつくり出した形式知にほかならないということだ。しかし、生成ＡＩがこれだけ社会に普及してくると、そのうち、生成ＡＩがつくった形式知を学習する生成ＡＩが出てくるはずだ。そして、それを繰り返すうちにそのＡＩは機能が低下し、最後にはポンコツになっていくのではないだろうか。

なぜこんな想像をしたかというと、生成ＡＩが生成ＡＩの生成物ばかりを取り込んでいるということは、生物で言うところの近親交配に近いのかもしれない、と思ったからだ。男親と女親がまったく違う遺伝子を持つカップルから生まれた子供のほうが、免疫的に強い人間になる。近親交配では似た遺伝子を持つ者同士がカップルになるため、子供の遺伝子に多様性が生まれず、免疫が弱くなるのだ。これと同じことが生成ＡＩにも言えるのではないだろうか。

一方、形式知と暗黙知は、デジタルとアナログの関係に近いのかもしれない。音楽で言えば、原音をデジタル化したハイレゾは音の感度や密度が高いが、アナログのレコードはハイレゾよりも音としての情報量が多い。デジタル写真の解像度を上げていくとアナログのネガに等しくなる、ということもある。

生成ＡＩが生み出す形式知はデジタル音源やデジタル写真のようなもので、解像度を上げれば上げるほど0と1で構成される世界になるが、人間がつくり出す形式知はレコード盤やフィルム写真に該当し、新たな暗黙知を生み出す可能性を秘めているのである。したがって生成ＡＩが進化し続けるためには、人間が生み出すアナログ的な形式知を必須とするのではないだろうか。

サービスでは生成ＡＩをこう使え

棋士の藤井聡太九段は、ＡＩと対戦することでますます強くなったそうだから、サービス業で短尺動画を同じように使えば、強い組織、強い経営が実現する。

そもそもサービス業のＯＪＴにおいては、教える側の上司の知識が少なすぎるという問題点がある。現場経験に長け、暗黙知が豊かであっても、それを形式知にして相手にわかりやすく伝えられる人が少ない、と言ってもいいだろう。

そこに動画を導入するならば、各現場のベストプラクティスを動画にしたものを、全社からかき集めなければならない。それがＡＩにとっての教師データになる。生成ＡＩがウェブ上のあらゆる形式知に学び、将棋対戦ＡＩが過去の棋譜をくまなく大量に学習することと同じだ。

みずほ銀行産業調査部が２０２３年12月に発表した「生成ＡＩの動向と産業影響【総合編】」というレポートがある。そこでは、定型の仕事が多いか、非定型の仕事が多いかと

生成AIの影響チャート

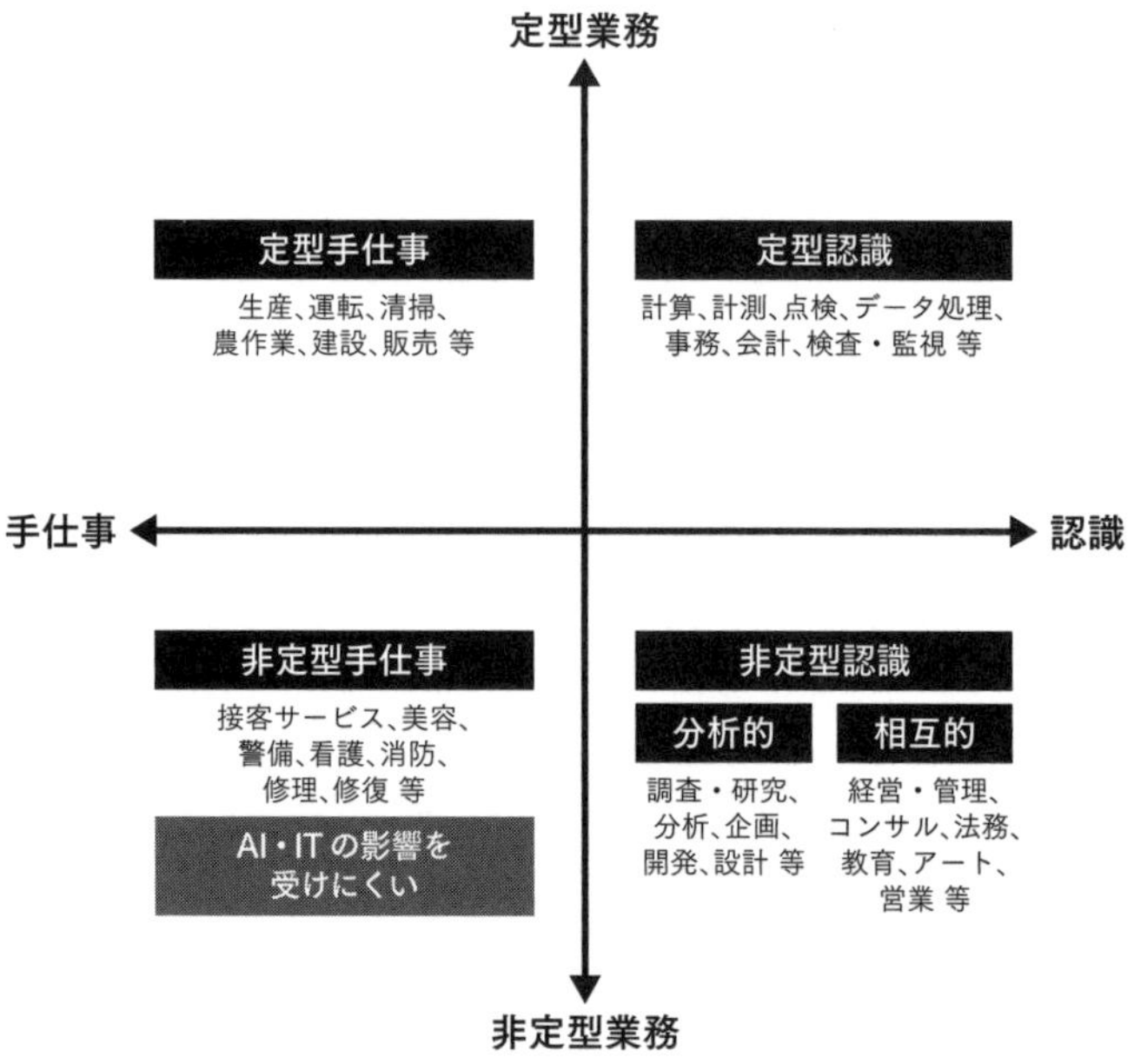

みずほ産業調査 Vol.74「生成AIの動向と産業影響【総合編】」P34の図版を元にClipLine(株)が作成

いう縦軸、認識的仕事が多いか、手仕事が多いかという横軸で、あらゆるタスクを分類している。

チャートの読み方として、右に行けば行くほどホワイトカラー的タスク、左に行けば行くほどブルーカラー的タスクになるし、上に行くほど単純なタスク、下に行くほど複雑なタスクということになる。

我々の短尺動画システムがターゲットにしているのは左下の非定型手仕事に該当し、4つの中で最もAIやITの影響を受けにくいとされている領域だ。なぜそうなっているのかといえば、タスクにおいて要求される暗黙知の割合が、他の3つに比べて多いからだと考えられる。

多数の人間が関わってくるサービスの現場からは暗黙知が生まれやすい。お客様に向かって仕事をし、従業員同士も対話を頻繁に行うからだ（一人ひとりがパソコンに向かって仕事をすることが主流になっているホワイトカラーの現場はそうはいかない）。であるからこそ、デジタル化や形式知化が難しい。

ＳＥＣＩモデルは回せば回すほど暗黙知が形式知になっていく、いわば形式知製造装置であるから、短尺動画を使ってそれを行えば、この非定型手仕事の領域にもＡＩが関与するケースが多くなると予想できる。ただし、それは定型認識仕事、非定型認識仕事のように、ＡＩによって人間の仕事が代替されるという意味ではない。人材育成や知識創造の現場でＡＩが使われるということだ。

サービス業のタスクは簡単にはＡＩに代替されないとすると、その現場から人間はいなくならない。そのかわり、そこに携わる人間は絶えずスキルアップし続ける必要があり、そのためには経験をたくさん積ませなければならない。

そこをＯＪＴに頼るだけでは心もとないので、生成ＡＩを活用したらどうだろう。文章から動画を作る生成ＡＩはすでに実用化されているので、それを利用する。たとえば、お客様が従業員にクレームをつけるという場面を動画にし、教材として活用する。私たちのシステムでは現場のベストプラクティスを動画にするケースが多いが、それだけにとどまらない、バラエティ豊かな学習教材を作成できるだろう。

サービスの仕事は発生頻度の高いものから低いものまで多岐にわたるが、ここでは仮に

3つの層で考えてみる。

第一層は発生頻度が高く、定型的なもの。飲食業で言えば、注文や配膳、会計などが該当する。ここではセルフレジやタッチパネル、配膳ロボットという形で、すでに省人化が進んでいる。

第二層は、発生頻度はそれなりだが、業務内容にバリエーションが多いもので、調理、盛りつけ、接客などが当てはまる。ここには短尺動画など、コストをかけた特別な教育が必要で、発生頻度の高いものから優先的に教育していく必要がある。

第三層は、一層目や二層目のような費用対効果がわからないほど発生頻度が低い（ロングテールである）ものの、きわめて重要な業務——たとえば、店に強盗が入ったらどう対処すべきか——で、これはOJTで上司が部下に教えればいい。

はたして人間に近いロボットができるのか、という未来の話はさておき、われわれはこの第二層にフォーカスし、現場の「『できる』をふやす」ために、さらに尽力していきたい。

おわりに

私とSECIモデルの出会いは、1996年に出版された野中郁次郎先生の著作『知識創造企業』（東洋経済新報社刊）だった。当時、私は新卒でアクセンチュアに入社し、はじめの1年はトレーニングやプロジェクトに忙殺されていた。それが一段落し、ようやく自主的に勉強する余裕が出てきたときに同書に出会った。

もともと組織論には興味があったが、コンサルティング会社で無我夢中に働くなかで、野中先生が提唱するSECIモデルというフレームワークと、それを形成する考え方に触れて、「組織というのはこうやって革新できるのか」と学びを得ることができた。

年月が経ち、コンサルタントとしての経験を積み、新たな解決策を模索するなかで再びSECIモデルと向き合うことになった。

経営コンサルティングを手掛ける企業に転職し、外食やアミューズメントなど多拠点展開する企業の経営改革をハンズオンで支援するようになって、組織を動かすことの難しさを痛感した。

組織内では伝言ゲームが発生するし、人々は必ずしも言われたとおりには行動しないため、施策の実行に時間がかかるうえに、実行精度は下がるのだ。

そこで、SECIモデルと映像を組み合わせることでこの課題を解決できるのでは、と考えてABILI Clip（アビリクリップ：当時の名称はクリップライン）を開発した。ただ映像を作ってどこかに置けばいいというわけではない。映像を渡せばそのとおり実行してくれるほど、組織も人も単純ではない。

現場を動かして本部の意図を現場に反映させるためには、映像を見てそのとおりにやってもらうだけでなく、現場の変化を映像で本部に送り返してもらったり、投稿された映像をチェックして、個別になっているナレッジを組織知に集約して再配信したり、という知を循環させるサイクルが必要だと考えたのだ。

クライアントの組織に深く入って仕事をすると、現場の人たちはそれぞれの持ち場で創意工夫していることがわかる。答えは現場にあることを肌身に感じるのだ。

大方針としての指示を出しているのは本部だが、同じ看板を掲げるチェーン店であっても、それぞれの現場は店舗レイアウトも、働いている人も、客層も異なる。そのため、現場での実行度を上げるための創意工夫が必要になるのである。

さらに言えば、本部で働く人たちは現役のスペシャリストではなく、かつて現場で著しい活躍をしたエース、言うなれば「10年前の金メダル選手」だ。だから本部の人たちも、最新の現場の状況を知りたいときは現場に足を運んで確認する。そのため1つの方針を出すにも多大な時間がかかる。

こうしたやりとりを観察するなかで、現場で生まれている工夫や現場の様子をリアルタイムに整理された形で本部に拾い上げる方法はないかと考えるようになり、映像とSECIモデルが結び付いてアビリクリップを着想するに至ったのだった。最初の出会いから十数年経って、このような形に結実した。

ところで、私たちのクライアントはサービス業の企業が大多数だが、野中先生の知識創造理論に登場する事例は製造業の話が中心だった。ジャパン・アズ・ナンバーワンと言われた時代に、なぜ日本の企業から、世界を席巻するイノベーティブな製品が生まれたのかという、製品開発プロセスの話が多かった。

そのことが、サービス業の経営支援に注力する私からは少し物足りなく思えた。「拠点ごと個人ごとに生まれる暗黙知が形式知になり、それが組織の中で広がっていくのならば、多拠点のサービス業でこそ組織マネジメントや生産性向上においてレバレッジが最大化され、SECIモデルが活かされるのではないか」という仮説を持っていたからだ。

このアイデアを野中先生にお話ししたところ、驚くほどに共感していただけた。さらに、SECIモデルをサービスに適用するときにはデジタル技術が必要だというところまで話は進展した。

このときが、野中先生がそれまで想定していなかったSECIモデルの広がりについて確信された瞬間だと感じられ、非常にうれしかった。さらに驚いたことに、そのテーマで本を書いたらいいんじゃないかと、アドバイスをいただいたのだった。

記憶をたどると、このやり取りがあったのは2021年5月19日のことで、弊社が主催するセミナーにて、野中先生に東京・竹橋にある一橋講堂で基調講演をしていただいた直後の出来事だった。

謝辞

野中先生および知識創造理論と私のご縁を少しご理解いただいたところで、本書の執筆にあたって、野中先生のほかにお世話になった大勢の方々に感謝をお伝えしたい。

野中先生のひとことがきっかけで、本書の執筆に向けていざ手さぐりで始めてみると、予測しなかった苦労に何度も直面した。特に大変だったのは、事例を紹介するにあたりクライアントに協力をお願いする過程でコロナ禍に見舞われたことだ。なかなか話が進まない期間があり、年単位で計画が延びてしまった。すると当然、用意していた事例の鮮度が落ちてしまい、やり直しが発生することが何度かあった。

同じように、原稿を確認していただく過程でも時間がかかってしまい、各社には想定以上にお手数をお掛けすることになってしまった。

そのなかでも、「早く書け」と幾度となく野中先生から叱咤激励をいただき、それが執筆を進める大きな原動力となった。日本発の、世界に通用する数少ない経営理論を打ち出された野中先生とお仕事をさせていただいた幸運と感謝は、言葉では言い尽くせない。

ほかにも予測しなかったことは数々あり、とにかく私ひとりでは到底完成させられるものではなかった。未曽有の危機であったコロナ禍を乗り越え、ご協力いただいたクライアント企業、クリスピー・クリーム・ドーナツ・ジャパン、オオゼキ、C&P、銚子丸、きずなホールディングス、IDOM、JR東日本スタートアップ（登場順、敬称略）のみなさまに、あらためて御礼申し上げる。ここに登場しない導入企業からもお力添えをいただき、このような形での成功事例のご紹介に至った。

また、早稲田大学大学院経営管理研究科教授の入山章栄先生には普段からさまざまなご協力をいただいているが、本書では学術的な観点から個々の事業会社の事例を一般化して解説していただいた。入山先生はベストセラーとなった『世界標準の経営理論』（ダイヤモンド社刊）の中でもSECIモデルを解説され、かつ、数ある経営理論の中でもSECIモデルはきわめて重要な理論として紹介されるほどである。おかげで拙著の解説に客観性を持たせ、読者の方により深く、わかりやすく理解していただく一助となった。深く感謝申し上げたい。

編集を担当していただいたダイヤモンド社の木山政行さんとは、前職のコンサルティング会社在籍時から10年をはるかに超えるお付き合いとなった。当時私のやっていたコンサルティングも、現在の事業も深く理解して面白がってくださり、「どこかで書籍にしたいですね」とずっとお声がけをいただいていた。本の企画が始まってから数年が経ってしまい、本当に申し訳なかったと思っている。懲りずにここまでお付き合いいただいたことに心から御礼を申し上げたい。

ライターの荻野進介さんは野中先生とは非常に長いお付き合いで、私などよりはるかに深くSECIモデルを理解されておられるが、全部のインタビューに粘り強くお付き合いくださり、私の考えやメッセージを適切な表現に整形し、読者に届けやすい文章にするお手伝いをしていただいた。心から御礼を申し上げたい。

そして弊社、ClipLine（クリップライン）の井上真由加さん。PRの仕事をこなしながら、無理難題しか言わない私と、多忙を極める関係者のど真ん中にいてすべてを取り仕切り、時に原稿にまで手を入れる熱心さで、本プロジェクトを推進してくれた。井上さんの献身的な努力なしに本書は上梓できなかった。

最後に、サービス業の経営支援、業務変革を理解し、日ごろ事業推進にまい進してくれているクリップラインの役員・社員のみなさん、経営を支えてくださる投資家や顧問、支援者をはじめパートナー企業やお取引先の方々、また、いかなるときも良質なインプットの根源であり、そばで支えてくれる家族にも、心から感謝の意を示したい。ありがとうございました。

高橋　勇人

2024年6月

［監修者］

野中郁次郎（のなか・いくじろう）

一橋大学名誉教授、日本学士院会員

1935年東京都生まれ。58年早稲田大学政治経済学部卒業。カリフォルニア大学バークレー校経営大学院にてPh.D.取得。現在、一橋大学名誉教授、日本学士院会員。2017年カリフォルニア大学バークレー校経営大学院より「生涯功労賞」を受賞。2023年Peter Drucker Society Europeより名誉フェローシップを授与。知識創造理論を世界に広めたナレッジマネジメントの権威。主な著書に『失敗の本質』(共著、ダイヤモンド社)、“The Knowledge-Creating Company”（共著、邦訳『知識創造企業』〔東洋経済新報社〕)、“The Wise Company”（共著、邦訳『ワイズカンパニー』〔東洋経済新報社〕)、『直観の経営』（共著、KADOKAWA、英訳“Management by Eidetic Intuition”)、『野性の経営』(共著、KADOKAWA）など多数。

［著者］

高橋勇人（たかはし・はやと）

ClipLine株式会社 代表取締役社長

京都大学理学部、同大学院理学研究科修了後、アクセンチュア株式会社、株式会社ジェネックスパートナーズにおいてコンサルタントとして多数の多店舗展開企業の経営改革を主導。業界最大手の外食企業では、「変革請負人」として売上数百億～1千億円規模の業績向上と組織変革を完遂。2013年に独立しClipLine株式会社を創業。同社の代表取締役社長として経営をリードしながら、コンサルティングノウハウを活かしてABILI Clip（旧ClipLine）を開発。AIなど先端技術の応用可能性を検証する一方で、サービス業の価値の源泉である人材の育成こそが真の生産性向上につながるという思想を持つ。23年8月には、自らが代表となるコンサルティング会社「Chain Consulting」を設立。趣味はテニスとスキー。

暗黙知が伝わる
動画経営
――生産性を飛躍させるマネジメント・バイ・ムービー

2024年7月9日　第1刷発行

著　者――――高橋勇人
監修者――――野中郁次郎
事例分析協力―入山章栄
発行所――――ダイヤモンド社
〒150-8409　東京都渋谷区神宮前6-12-17
https://www.diamond.co.jp/
電話／03･5778･7233（編集）　03･5778･7240（販売）
装丁―――――小口翔平＋後藤司（tobufune）
本文デザイン・DTP――中西成嘉
製作進行―――ダイヤモンド・グラフィック社
印刷―――――三松堂
製本―――――加藤製本
編集協力―――荻野進介
編集担当―――木山政行

ISBN 978-4-478-11079-9